JN023720

データ駆動時代の
情報リテラシー

大瀧保広
山本一幸
羽渕裕真
共著

学術図書出版社

はじめに

　皆さんは「ディジタルデバイド（Digital Divide）」という言葉を聞いたことがありますか？ディジタルデバイドとは、人によって情報処理能力に大きな差が生じている問題のことです。この差を生じさせる大きな要因として次の3点が指摘されています。

1. そもそも情報があることを知らない
2. 機器やツールの使い方が分からない
3. 情報を取得してもその情報がもつ価値や意味を理解できない

　情報処理能力が低い者のことを「情報弱者」と呼ぶこともあります。皆さんは「情報弱者」と聞いてどのような人々を思い浮かべますか？祖父母世代に多い、インターネットとは無縁の生活を送っている人ではないでしょうか？

　皆さんは普段から肌身離さずスマートフォンを持ち歩いていると思います。家族や友人との連絡はもちろん、ちょっとした調べ物、時間つぶしのゲームなど、生活のあらゆる場面でスマートフォンを利用しているでしょう。スマートフォンはいうまでもなく情報機器のひとつです。そのため自分が情報弱者だと思っている人は少ないかも知れません。しかし2009年以降に行われた多くの調査で、パソコンを使えない若者が急増しているという指摘がなされています。2016年に行われた国際調査では、日本の高校生が、アメリカ、中国、韓国と比べて「パソコンを使った文書作成、プログラミング、インターネットを利用して勉強することなど、情報通信技術の活用が少ない」という調査結果が出ています。残念なことに皆さんは世界的にみると同世代の中では「情報弱者寄り」とされているのです。これは一体なぜなのでしょうか？

　これらの調査で取り上げられているのはパソコンです。なぜパソコンなのでしょう？「スマホだけで特に困っていない。パソコン必要なの？」という声もあるでしょう。たしかにスマートフォンの高機能化により、これまでパソコンで行われてきた多くのことがスマートフォンでもできるようになりました。作業によってはパソコンで行うよりも簡単な時さえあります。しかしスマートフォンのほうが簡単なのは、「選択肢が少なく手順がある程度決まっている一連の作業」を「専用アプリ」として実現しているからです。アプリが提供する範囲を超えたことをやろうとした途端に、スマートフォンで行うことは難しくなります。パソコンで行っていたすべてのことがスマートフォンでできるようになったわけではありませんし、パソコンで行う方が効率が良いこともたくさんあります。

　「パソコンが使えるか」という問いは、2 点目の「機器を操作するスキルの有無」の問題だけではなく、実は 1 点目と 3 点目も合わせた問題です。現在はデータ駆動時代と言われています。次々に生み出される新たなデータに対して、データを分析し、その意味を理解し、価値を取り出す、あるいは対応を考えるためには、上述した 3 点すべてが必要なのです。これらを効率よく行う環境として、現時点ではまだパソコンに分があります。「情報通信技術を活用できる」ためには「パソコンを使える」ことが必須と考えて良いでしょう。

　本書「データ駆動時代の情報リテラシー」では、パソコンを普段の学習や日常生活の場で活用しデータを分析・解釈する力を身につけることを目的としており、大きく以下の 3 つの内容を含んでいます。

【情報リテラシー】　文書処理、表計算、プレゼンテーションに代表されるパソコン操作力とインターネット活用能力のことです。特に様々なメディアから情報を収集し、整理する力（インプットスキル）と、自らの考えを自らの言葉で発信する、情報発信力（アウトプットスキル）もここに含まれます。

【法的リテラシー】　インターネットに代表される「ネットの世界」を「バーチャル」「サイバー」と呼び、対する「そうではない世界」を「リアル」「フィジカル」などと呼んで区別する傾向があります。しかしインターネットは間違いなく現実世界の一部であり、法律の適用対象です。情報技術の急激な発展により、従来の法律が想定していなかった新しい概念や社会の新しい問題点が生み出されている側面は否定できません。技術と情報倫理や法律との関係、あるいは技術の負の側面に対する想像力を養うことが重要です。

【データリテラシー】　インターネットの情報源として、ニュースサイト、Wikipedia、まとめサイト、SNS、口コミなど様々なものがあります。また図書、テレビ、新聞、雑誌などの、インターネット以外の様々なメディアも重要な情報源です。ビッグデータ時代の今日では、センサや監視カメラが収集したデータ、ネットワークやソフトウェアの利用状況に関する記録など、機器が生み出すデータも多くなります。データリテラシーは、これらの多種多様な情報やデータを分析し、真偽を判断し、活用する能力です。また、プログラミングを学ぶことでより一層分析力を養うことができます。

　我々の身の周りには、スマートフォン、タブレット、パソコンなど、多くの機器があります。今後、新しい形態の機器が次々に登場してくることでしょう。このような状況においては、いま目の前にある機器やソフトウェアの操作方法だけを覚えるのではなく、より本質的な、情報の取り扱い方、情報そのものについて考える力や、分析する力も養うことが重要です。本書が皆さんの情報リテラシーを少しでも養うためのきっかけとなることを願っています。

著者らしるす

目　　次

第 1 章

環境を整えよう

1.1 Bring Your Own Device

　従来、企業では会社が設置したパソコンのある席に座って作業をするといった光景が日常的でした。これはパソコンが大きく移動するのが難しかったから、という側面があります。今ではパソコンはノート型が一般的になり、簡単に持ち運べるようになりました。バッテリーの持ちも良くなり、フル充電しておけば電源に接続していない状態でもかなりの作業ができるようになりました。こういった変化を受けて、企業では、パソコンが設置してある席に座って仕事をするのではなく、作業の内容に応じて企業内の場所を自由に移動しながら作業をする**フリーアドレス**や、会社から離れた場所（例えば自宅）でも仕事をするような**テレワーク**といった勤務形態も可能になりました。このとき、会社が支給するパソコンやタブレット、スマートフォンを使うのではなく、私物の機器を活用しようというのが Bring Your Own Device（**BYOD**）と呼ばれる考え方です。Bring という言葉から「私物の情報機器を職場で使う」という状況だけが注目されがちですが、もともと私物ですから自宅でも仕事以外でも当然使用します。すなわち BYOD では、私物の情報機器を日常生活のあらゆる場面で活用する状況を想定しているのです。

　大学でもかつては情報処理やプログラミングの授業のために、パソコンを並べた PC 教室を整備するのが一般的でした。しかし現在では、レポート作成、プレゼンテーションを求められるアクティブラーニング科目など、情報処理以外の一般の科目でもパソコンを使う場面が増えています。また履修登録、授業資料の入手、レポートの提出、出欠、学習管理など、大学生活の中でも学内の様々な情報システムにアクセスする必要もあります。

　ここでは、以下のような点を確認しながら、私物のパソコンを大学での学習環境として活用できるよう準備しましょう。

- 無線ネットワークに接続する
- 初期パスワードを変更する
- セキュリティ対策を確認する
- Office のインストール状況を確認する
- メールを送受信できるか確認する

1.2　パソコンの基本操作

1.2.1　画面操作の用語

　現在の情報機器のほとんどはグラフィカルなユーザインタフェースを持っており、直感的に操作することができます。ノートパソコンなどでは基本的にポインタ（画面上の矢印）を操作します。マウスやタッチパッドなどでポインタを移動し、クリックやダブルクリックといった操作を行いますが、タッチパネルを採用した機器では直接画面に触れることで操作することができます。スマートフォンやタブレットは画面を直接触れて操作するのが一般的です。操作には様々な種類があります。表 1.1 と表 1.2 に主な操作の名称を挙げておきます。何気なく操作していると思いますが、操作方法を人に説明するときに必要になるので、用語を覚えておきましょう。

1.2.2　パソコンは丁寧に扱いましょう

　スマートフォンやタブレットは一枚の板のような構造ですが、ノートパソコンは画面部分とキーボード部分とが折りたためるような構造になっています。この折りたたむ部分（ヒンジ）は物理的に動く部分であり、画面部を支える力が常にかかります。画面部分を持って本体をぶら下げるような持ち方をすると無理な力がかかることになり、壊れることがあります。

　またノートパソコンは、畳んだ状態での持ち運びを想定しているので上面や底面は外部からの衝撃に強く作られています。しかし、内側にくる画面やキーボードはそうではありません。畳んだ状態では画面とキーボードの間にほとんど隙間がないので、例えばイヤホンやペンのような硬いものを挟んでしまうと、画面が簡単に割れてしまいます。

　最近のパソコンは非常に薄く作られていることもあって修理がしにくく、画面が割れただけでも丸ごと交換になりかねません。丁寧に扱うようにしましょう。

充電されていますか？

　BYOD を実施している大学であっても、すべての教室のすべての席にコンセントが用意されていることは稀です。授業中にパソコンをどのように利用するかはそれぞれの授業デザインに依ります。出欠に応えたり授業資料を閲覧するだけならば、それほどバッテリ残量は減りませんし、いざとなればスマートフォンで代用できるかも知れません。しかし文書作成やプレゼンテーション作成といった作業が必要な場合には、パソコンが使えないと授業が成り立たないことがあります。

　授業が朝から夕方まであると 8 時間近く大学にいることになります。必要な時にバッテリが切れてしまうことがないよう、フル充電してくるようにしましょう。万一バッテリーが無くなった時に備えて AC アダプタも持ち歩くと、休憩時間に充電できるので安心です。

表 1.1 主なポインタ操作

名称	動作
ポイント (point)	ポインタを目的の対象物の位置に移動する動作。
プレス (press)	マウスのボタンを押し下げる動作。クリックではなく押し下げたままにすることを強調したい時によく使う。
リリース (release)	押し下げていたマウスのボタンを離す動作。
クリック (click)	マウスのボタンをプレスしてすぐリリースする動作。「カチッ」。ダブルクリックではないことを明示したい時には「シングルクリック」と呼ぶこともある。
ダブルクリック (double click)	マウスのボタンを素早く 2 回クリックする動作。「カチカチッ」。「カチッカチッ」だとシングルクリック 2 回になってしまう。
ドラッグ (drag)	対象物上でプレスし、そのままポインタを移動する動作。
ドラッグ アンド ドロップ (drag-and-drop)	対象物上でプレスし、そのままポインタを移動し、目的地でリリースする動作。

表 1.2 主なタッチ操作

名称	動作
タップ	画面に触れて素早く離す動作。「トン」。クリックに相当。
ダブルタップ	画面を素早く 2 回タップする動作。「トントン」。
長押し	画面に触れ、そのまま触れ続ける動作。プレスに相当。
スワイプ（フリック）	画面に触れた指を離さずに画面上を滑らせる動作。開始地点や移動の向きなどによって、処理内容が変わることが多い。
ピンチイン	複数の指で画面に触れ、画面から指を離さずに、指の間隔を狭めるように画面上を滑らせる動作。
ピンチアウト	複数の指で画面に触れ、画面から指を離さずに、指の間隔を広げるように画面上を滑らせる動作。

1.2.3　フォルダを使ってファイルを整理

　音楽や文書、画像など、パソコンで取り扱うデータは「ファイル」という単位で管理します。これから大学の授業の中で講義資料やレポート作成など、多くのファイルを取り扱うことになります。これらのファイルは、Windows では「マイドキュメント」という場所に保存されます。しかし授業の数が多くなると、マイドキュメントの直下に何十個もファイルが存在する状態になり、目的のファイルを見つけるのが難しくなります。授業毎にフォルダを作成し、ファイルを整理して管理する習慣をつけましょう。

　ファイル名内の最後のドット（.）より右の部分は「拡張子」と呼ばれ、ファイルの種類を表すために使われます。ファイルアイコンをダブルクリックしたときに自動的に呼び出されるプログラムも拡張子に応じて設定されています。拡張子は常に表示させておいた方が便利です。エクスプローラでファイルの拡張子が表示されていないときには、図 1.2.1 のようにして常に表示するように設定しておきましょう。

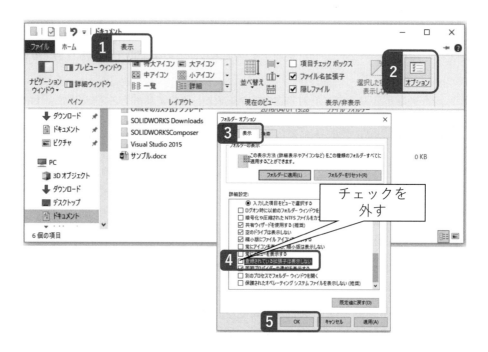

図 1.2.1　拡張子を常に表示するように設定する

チェック！

　拡張子を表示するように設定しましょう。

1.3　ネットワークに接続しよう

　履修登録や授業資料の入手、レポートの提出のために、大学内の様々な情報システムにアクセスするには自分のパソコンやスマートフォンを大学のネットワークに接続することが必要です。また、より高度なパソコンの設定方法などの情報が大学の Web サイトに掲載されていることがあります。

　大抵の場合、ケーブルで接続するのではなく、「**Wi-Fi**」と呼ばれる無線方式でネットワークに接続するのが一般的です。パソコンを学内ネットワークに物理的にケーブルで繋ぐ場合には「繋がった感」があってわかりやすいのですが、無線（電波）は目に見えないので「接続した」イメージが湧きにくいかも知れません。無線ネットワークを使う場合、電波が届く範囲に複数の接続先候補（**アクセスポイント**）が存在することがあります。それぞれのアクセスポイントは SSID と呼ばれる情報で識別します。

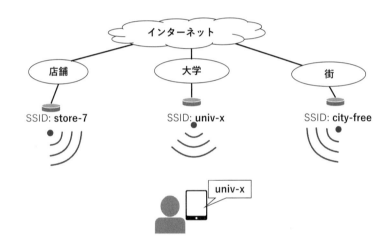

図 1.3.2　Wi-Fi では SSID を指定することで接続先を選択する

　通常、SSID を指定しただけではアクセスポイントに接続できません。追加の情報が必要です。一般家庭向けのアクセスポイントや店舗でよく用いられるのは、それぞれのアクセスポイントに接続するための固有のパスワードを入力する方法です。しかし大学や企業といった大きな組織では、アクセスポイント毎のパスワードではなく、利用者個人を識別するための認証 ID とパスワードを入力（設定）する方法を採用しています。

　これらのパスワードは一旦設定するとパソコンやスマートフォンが記憶するので、次回からはそのアクセスポイントの電波が受信できるエリアに入っただけで自動的に接続されます。この設定は手動で削除することができます。また自動的に記憶しないように設定することもできます。

┌─ チェック！ ─────────────────────────

学内の Wi-Fi ネットワークの SSID を確認しましょう。

└──────────────────────────────────

┌─ チェック！ ─────────────────────────

学内の Wi-Fi ネットワークに接続してみましょう。Web ブラウザで次の URL にアクセスできるか確認してみましょう。`http://example.com/`

└──────────────────────────────────

eduroam

eduroam とは、大学等の教育研究機関の間で無線 LAN の相互利用を実現する国際無線 LAN ローミング基盤です。（URL `https://www.eduroam.jp/`）

ローミングというのは、場所が変わっても同じようにサービスが使えるようにすることです。"eduroam" という SSID を持つ無線 LAN のアクセスポイントに接続すると、インターネットを利用することが可能になります。2019 年現在、国内 266 機関、世界約 101 か国 (地域) が eduroam に参加しています。

自分の組織で "eduroam" という SSID の無線 LAN があっても、そこに接続するメリットはあまりありません。他所の組織からきた人が接続することを想定しているので、学内の各種情報システムへの通信が制限されているためです。でも eduroam につながるように一度設定しておくと、他の参加機関に行った時にすぐにネットワークが利用できるようになって便利です。

eduroam に接続する時の認証 ID の形式には所属組織がわかる形式です。学内の通常の無線 LAN に繋ぐ時とは異なるかも知れません。

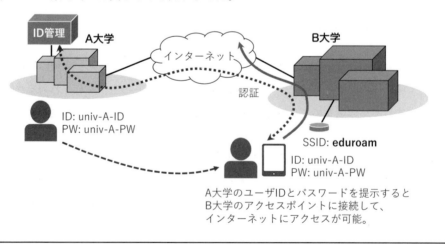

1.4　初期パスワードを変更しよう

　皆さんが大学の情報システムにアクセスするときには認証 ID とパスワードが必要です。これは個人に紐づいた情報システム内のデータを、他人に間違ってアクセスさせないために絶対に必要なものです。特にパスワードは「本人だけが知っていること」が絶対条件です。しかし初期パスワードはこの条件を満たしていません。なぜなら初期パスワードを生成した部署の人もそのパスワードを知っているからです。初期パスワードを受け取ったら、速やかに新しいパスワードに変更しましょう。

　パスワードを変更するには、まず Web ブラウザでシステム管理を行っている部署の Web サイトにアクセスします。セキュリティ強化のために、学外のネットワークからはパスワード変更のページにアクセスできないことがあります。また、多くの場合、設定できるパスワードには満たすべき条件があります。例えば 8 文字以上であること、英字だけでなく数字や記号を含めること、といったものです。

チェック！

初期パスワードを変更しましたか？

　あまりにも複雑なパスワードをつけたためか、自分でつけたパスワードが思い出せなくなってしまう人がたまにいます。その場合には身分証を持って担当窓口に連絡してください。新しい初期パスワードを再発行します。新しい初期パスワードはそのまま使うのではなく必ず変更してください。

　さて、パスワードを変更すると、さっきまで使えていた学内の無線ネットワークが使えなくなっていませんか？これはパソコンが記憶している「無線ネットワークに接続するときのパスワード」が「変更前のパスワード」のままだからです。Wi-Fi 接続用の設定（古いパスワード）を一度削除し、新しいパスワードで無線ネットワーク接続の設定をし直しましょう。

チェック！

新しく設定したパスワードで Wi-Fi ネットワークに接続できましたか？

パスワードを忘れたとき どうして教えてもらえないの？

　認証を行うために情報システム側にもパスワードが格納されています。パスワードを忘れたとき、どうしてそれを取り出して教えてもらえないのでしょう？実は情報システムに格納されているパスワードは元の姿ではなく、一方向性関数で変換された後のデータだけなのです。この変換後のデータからは元のパスワードを復元することができません。

　復元できないのに、ユーザ認証のときにはパスワードが正しいことが確認できるのはなぜでしょう？実は入力されたパスワードを同じように一方向性関数で変換し、その結果と保存されているデータとを突き合わせて判定しているのです。

1.5 セキュリティを強化しよう

1.5.1 パソコンを使い始めるときにパスワードを聞かれるようにする

　私物の情報機器を持ち歩くようになると、どうしても紛失や盗難のリスクが高くなります。拾った人や盗んだ人が勝手に中の情報にアクセスすると、情報漏洩につながる恐れもあります。情報漏洩がおきると多くの人に迷惑をかけることになり、関係者に謝罪したり、場合によっては賠償しなければなりません。パソコンが紛失しただけでも十分ショックなのに、まるで加害者のような扱いになります。

　パソコンを紛失したときに被害を最小限にするためには、拾った人が中の情報にアクセスできないよう予防措置を講じておくことです。具体的には、パソコンを起動したとき、あるいはスリープが解除された時に、必ずパスワードを入力しなければならないように設定します。パスワード入力の代わりに PIN コードと呼ばれる短い桁数の番号を入力するものや顔認証、指紋認証などが使用できるものもあります。そういったものでも構いません。

> ― チェック！ ―
>
> 電源を入れた時やスリープを解除した時に、パスワードを聞かれるようになっていますか？

1.5.2 OS をアップデートする

　パソコンやタブレット、スマートフォンの OS は時々アップデートが行われています。アップデートの目的はいくつかありますが、主なものは (1) 製品出荷後に見つかった動作上の不具合の修正と (2) セキュリティ上の問題点の修正 (動作上は変化がないように見える) です。OS のアップデートは外部からの侵入を予防する上で必須のものです。

　新しいアップデートがあるかどうかはいつでも確認できますので、最新の状態になっているか時々チェックしましょう。なおアップデートが始まると、アップデート用のプログラムのダウンロードやインストールのための時間がかかります。途中で何度も再起動を求められることもあります。これが授業時間直前や授業時間中に発生するととても困ります。アップデート作業は自宅で時間がある時に行うようにしましょう。

> ― チェック！ ―
>
> OS は最新の状態になっていますか？適用できるアップデートがないか、確認しておきましょう。（アップデートは授業中には行わないでください）

　なお、アップデートと似た言葉に**アップグレード**があります。アップグレードの目的は、OS に対する大幅な機能変更です。新たな機能が追加されることが一般的ですが、それまであった機能がなくなることもあります。従来動いていたプログラムが動かなくなることもあるので、アップグレードは周りの状況を見て慎重に行った方が良いかも知れません。

1.5.3　セキュリティソフトをインストールする

インターネットは皆さんが思っている以上に危険がいっぱいです。OS のアップデートをサボった無防備なパソコンで 1 時間程度あちこちの Web サイトを閲覧しただけで数百ものウィルスに感染したという報告もあります。

セキュリティソフトは、パソコンがウィルスに感染するような危険な Web サイトにアクセスしようとしたときにブロックしたり、メールの添付ファイルをスキャンしてウィルスが見つかったら除去したりすることで、ウィルス感染の危険性を大幅に低下させてくれます。

パソコンにはセキュリティソフトをインストールし、最新の状態で稼働していることを確認しておきましょう。大学が学生分のセキュリティソフトのライセンスを一括して購入している場合もあります。その場合には自分で購入する必要がありません。大学からの指示に従ってインストールしてください。大学が一括購入していない場合には、自分で購入してインストールする必要があります。家電量販店で購入したパソコンの場合、期間限定版が同梱されていることもあります。有効期間に注意しましょう。

> **チェック！**
>
> セキュリティソフトはインストールされていますか？

> **自称セキュリティソフトに注意！**
>
> Web サイトを見ているときに「ウィルス診断を行ないますか？」と尋ね、自称 "診断ソフトウェア"（実はウィルス）をダウンロードさせる手口があります。
>
> また、Web サイトを見ているときに、突然「あなたのパソコンが感染していることを検知しました！」と表示してユーザを脅かし、「このソフトですぐに駆除しましょう！」といって自称 "ウィルス対策ソフト"（実はウィルス）をダウンロードさせる手口もあります。
>
> 基本的に、Web サイト上のプログラムがパソコンの内部の状態を調べることはできません。（もしそうでなかったら、Web サイト側からパソコンの中の情報が覗き放題ということになります。これは大事件です！）

1.6　情報セキュリティポリシーを確認しよう

　大学の情報資産を安全かつ効果的に活用するために、大学内の情報システムやネットワークを利用するにあたってすべての大学構成員（学生・教員・職員）が守るべきルールとして、**情報セキュリティポリシー**が定められているはずです。

　情報セキュリティポリシーでは、情報セキュリティ対策の基本的な考え方、情報セキュリティを確保するための方針・体制・運用規定・対策基準などが定められています。大学には様々な情報システムや情報資産があるので、それらを網羅するために非常に多くの項目があります。

　大学構成員は一般に以下のようなことを守ることが求められます。

- ID やパスワードなどを適切に管理する。（他人に教えたり利用させたりしない）
- 学内限定の情報を学外に向けて発信しない。
- 自分のパソコンをしっかり管理する。（OS のアップデート、ウィルス対策ソフトの導入など）
- ソフトウェアの不正利用を行わない。
- 他人を誹謗中傷しない。公序良俗に反する情報発信をしない。

　組織の情報セキュリティポリシーに違反すると、アカウントの利用ができなくなったり、悪質な場合には懲戒処分を受けたりすることもあります。

> ┌ チェック！ ─────
> 大学のセキュリティポリシーの場所を確認しましょう。利用者向けガイドラインとして、どのようなものがあるでしょうか。

　十分注意していたとしても、**インシデント**が発生することがあります。インシデントとは、情報に関わる事故であり、情報の紛失、改ざん、漏洩、災害によるシステムの停止など、情報資産を脅かす現象や事案のことです。事故が実際に発生した状態だけでなく、発生するおそれがある状態もインシデントとして取り扱います。インシデントが発生した場合、それによる被害は個人や学内にとどまらず、社会にも大きく影響し、大学経営そのものを脅かすこともあります。大学の構成員全員が情報セキュリティポリシーをを守ることにより、インシデントを未然に防ぎ、また万一インシデントが発生した場合でも被害を最小限に食い止めることにつながります。

> ┌ チェック！ ─────
> インシデント発生が疑われるとき、どこに連絡したら良いか、確認しておきましょう。

1.7　Office ソフトを使えるように準備しよう

　大学生活の中では、レポートを作成したり、授業やゼミで発表をしたりする機会が多くなります。レポート作成のためには、情報の検索や収集、データの分析を行うことも必要になります。こういった文書・表計算・プレゼンテーションの資料を作成するスキルは、大学だけでなく企業に入ってからも仕事をする上で必須のものとなっています。

　このような資料を作成するためのソフトウェアのセットを「Office ソフトウェア」「Office Suite（スィート）」と呼びます。Office ソフトは、"Office" という名前の単一のソフトウェアではなく、文書作成ソフト、表計算ソフト、プレゼンテーションツール、といった複数のソフトウェアの集合体です。

　Office ソフトは学習の場で標準的に使うことから、大学が、学生の私物パソコンでも利用できるライセンス契約を結んでいることがあります。そのライセンスの元では、インストール方法が大学から指示されるはずですので、その指示に従ってインストールしてください。Office ソフトのダウンロードとインストールにも時間がかかります。授業中ではなく、自宅で時間がある時に行いましょう。また大学の認証 ID で「サインイン」という処理を行わないと機能が十分に使えないことがあります。

チェック！

Office ソフトがインストールされているか確認しましょう。

様々な Office ソフトウェア

　家電量販店等でパソコンを購入すると Office ソフトが初めからインストールされていることがありますが、PowerPoint が含まれていないなど、大学で必要なものが揃っていないことがあります。足りないソフトを後から購入しようとすると高価なことに驚くでしょう。

　Office ソフトとしては **Microsoft Office** が有名ですが、同様の機能を持つ製品は他社からも出ています。中には **LibreOffice** のように無料（寄付歓迎）のものもあります。また Web ブラウザ上で同様の機能が実現できるクラウドサービスも提供されています。有名なのは **Google** ドキュメントです。

　これらのソフトでも Microsoft Office で作成したファイルの編集ができますが、すべての機能が同じではありません。他の人と資料をやり取りする場合には、相手と同じソフトウェアを利用するほうがトラブルが少ないというメリットがありますが、Office ソフトの基本機能しか使わないという場合には、これらの無料サービスでも十分使えます。

1.8　メールの送受信ができるか確認しよう

1.8.1　メールアドレス

　家族や親しい友人などとのメッセージのやり取りでは、メッセージング系のスマホアプリを利用することが一般的だと思います。これらのツールは、通信相手を事前に「友人」として登録する必要があります。こういったメッセージサービスは「閉じた」サービスであり、個々人をサービス内でのみ有効なユーザ ID で識別しています。知人として一旦ユーザ ID を登録してしまえば、相手のユーザ ID を意識することなく簡単にやりとりができるのが特徴です。

　一方、メールは、それほど親しくない、あるいは、まったく知らない人にも連絡をとることができるコミュニケーションツールです。メールは「開かれた」サービスなので、特定の情報システムに限定されていません。全世界規模で様々な情報システムが連携してメールの配送が行われます。

　大学では皆さん一人ひとりにメールアドレスが付与されます。大学の事務や教員から皆さん全体への連絡は掲示板やポータルサイトを通して行われますが、個別の連絡は学生一人一人のメールアドレスに対して行われます。メールチェックを怠ると著しい不利益を被ることがあります。

チェック！

大学から付与された自分のメールアドレスを確認しましょう。

大学のメールアドレスはいつまで使える？

　大学で発行されるメールアドレスは在籍期間のみ有効です。基本的には大学卒業とともに使えなくなると思ってください。大学院に進学する場合でも、大学によっては学部と大学院とでメールアドレスが変わることがあります。

　そのため先方とのメールのやりとりが卒業前後の時期にかかる場合には、大学のメールアドレスを使用しないほうが安全かも知れません。例えば学会に論文を投稿した際の連絡用アドレスや、就職活動で先方に伝える連絡先アドレスは、途中で変わってしまうと連絡が取れなくなり不利益を被ることになります。どうしたら良いかわからなかったら、指導教員や就職担当に相談しましょう。

1.8.2　Web メール

　メールの送受信は、メールアドレスによって定まる郵便受けやポスト役の情報システムにアクセスすることで行います。かつては、パソコン上で**メーラー**（Mailer）と呼ばれる専用のプログラムを使用することが多かったのですが、最近は Web ブラウザがあればどこからでもメールの読み書きができる、クラウド型のメールシステム（**Web メール**）が普通になってきました。

┌─ チェック！ ─────────────────────────

　Web ブラウザで自分宛のメールを確認しましょう。

└───────────────────────────────────

　Web メールでは、Web ブラウザでアクセスしてみるまで新しいメールが届いているかわかりません。新着メールの到着頻度が低いと、どうしてもメールチェックを怠りがちになります。Web メールはスマートフォンの Web ブラウザでもアクセスできますが、実はスマートフォンのメールアプリでアクセスするようにも設定できます。メールアプリは通常、キャリアのメールアドレスに紐づけて設定しますが、それに加えて大学のメールアドレスも読み書きできるように設定するのです。また Web メールサービスを提供している企業がスマートフォン用の専用メールアプリを提供していることもあります。このようなメールアプリでアクセスするように設定しておくと、アプリが新着メールの有無を定期的にチェックして知らせてくれます。

　なお届いたメールに添付ファイルがついているときには、スマホアプリで開けないかもしれません。そのときはパソコンから改めてアクセスしてファイルの内容を確認しましょう。

┌─ チェック！ ─────────────────────────

　スマートフォンで大学のメールシステムにアクセスする方法は、機種やアプリ毎に設定方法が違う可能性があります。設定は時間のある時に行いましょう。

└───────────────────────────────────

1.8.3 メールを送ってみましょう

メールを送信するための操作自体はそれほど難しいものではありませんが、あまり親しくない人にメールを送るときには、いくつか注意すべきポイントがあります。

相手のメールアドレスを間違えていないか よく確認する。

メールアドレスを間違えると送りたい相手にはもちろん届きません。間違えたメールアドレスがたまたま他人のメールアドレスとなっていた場合には、その人にメールが届いてしまい、意図しない情報漏洩に繋がります。

適切な件名をつける。

仕事でメールを利用する人は、一日に数十件以上のメールを処理しています。そういう人は件名を見てメールを処理する優先順位を判断します。ときによっては件名だけで迷惑メールと判断することすらあります。

本文の冒頭で自分の名前を書く。

メールはアドレス帳に登録されていない人からも届きます。受け取ったメールには差出人のメールアドレスが含まれていますが、メールアドレスだけでは差出人が誰なのかすぐに思い浮かべることはできません。「自分が誰なのか」を本文冒頭で名乗ると親切です。

チェック！

授業担当の教員にメールを送ってみましょう。

大学のポータルサイト等に自分の連絡用メールアドレスを登録できることがあります。その時に「着信にすぐ気が付くから」という理由でキャリアメールのアドレスを登録する人が結構います。キャリアメール側のセキュリティ設定でキャリア以外からのメールを着信拒否になっていないか確認しておきましょう。

着信拒否になっていないか確認するには、自分の大学のメールアドレスから、キャリアメールのアドレスにメールを送ってみます。少し待ってもメールが届かない場合、宛先が間違っているか、キャリアメールのセキュリティ設定でブロックしているか、です。

将来キャリアールのアドレスを変更した時には、大学のシステムに登録したアドレスも変更しなければなりません。しかし実際のところ、ほとんどの人が更新を忘れています。重要な連絡を見逃すことになるので、キャリアメールのアドレスを大学のシステムに登録することはお勧めしません。

チェック！

大学のメールアドレスから、自分のキャリアメールアドレスにメールを送ってみましょう。

1.8.3.1　悪い例／良い例

牛若太郎さんが授業欠席の連絡を○○△□先生宛てにメールする状況を考えてみましょう。
図 1.8.3 はあまり良くない例です。

```
From: guess-who@dokoka.example.com
To: maru-sankaku@univ-A.example.ac.jp
Subject: 23c5678q です


明日の授業欠席しわす．（^.^;)/
```

図 **1.8.3**　授業欠席のメールの例

このメールは以下の点が問題です。

- Subject から用件が伝わりません。自己紹介のメールかと思ってしまいそうです。
- 学外のメールアドレスから送信しているため、誰が送ったのか確証が持てません。事務的な連絡は大学のメールアドレスから送るようにしましょう。
- ○○△□先生は複数の授業を持っているかもしれません。この本文からはどの授業なのかわかりません。
- タイプミスが残っています。完全になくすのは難しいかもしれませんが、誤字脱字がないか送る前に一度はチェックしましょう。
- 「(^.^;)/」は、教員への事務連絡メールとしては "くだけ過ぎ" です。「距離感」に合った文体にしましょう。

改善した例を図 1.8.4 に示します。

```
From: 23c5678q@univ-A.example.ac.jp
To: maru-sankaku@univ-A.example.ac.jp
Subject: ９月４日の情報処理概論の授業を欠席します


○○△□先生


○○学部○○学科の 23c5678q 牛若太郎です。
体調不良のため、明日９月４日３コマ目の情報処理概論の
授業を欠席いたします。よろしくお願いします。
```

図 **1.8.4**　改善した授業欠席のメールの例

1.8.4 添付ファイルの送信

メールは、歴史的にはテキストデータを送受信するための仕組みとして誕生しましたが、添付ファイルという形で、文書ファイル、画像や音声のデータなども送信できるようになりました。添付ファイルとして送信するファイルは単にデータとして運ばれるだけなので、メーラーや Web ブラウザが直接取り扱えないファイル形式でも問題ありません。添付ファイルを受け取った方は、添付ファイルを保存し、そのファイル形式を直接取り扱える別のアプリケーションで開けばいいのです。

ファイルを添付して送信するときには、メール作成画面で添付したいファイルを取り込むための操作をします。大抵は直感的に操作できるようになっていますが、具体的な操作方法はWeb メールのサービスやメーラーによって異なります。

┌─ チェック！ ─────────────

授業担当の教員に、小さなファイルを添付したメールを送ってみましょう。

なお、メールのサイズには上限があるので、それを超えてしまう大きさの添付ファイルを送ることができません。一般的には数十 MB 程度が限界です。これを超えるデータを相手に渡したいときには別の手段を考える必要があります。またセキュリティ上の理由で、実行形式のファイルの添付ファイルを受け取らない設定になっている組織もあります。

┌─ HTML メールと添付ファイル ─────────────

メールには古典的なテキストメール形式と HTML メール形式とがあります。HTMLメール形式ではメールの文章中に画像が埋め込まれたレイアウトが可能です。文章の部分では、フォントサイズを変更したり色をつけたりといった装飾がつけることができます。HTML メールは添付ファイルを送る仕組みを利用しています。レイアウトを制御するデータや画像のデータなどをそれぞれ添付ファイルとして送信し、これらを組み合わせて表示しているのです。

1.8.5　エラー通知メールが届いたら

　メールを送信した直後に、MAILER-DAEMON や Mail Delivery Subsystem という見慣れない差出人から図 1.8.5 に示すような英文[1]のメールが届くことがあります。これは**エラー通知メール**と呼ばれるもので、「あなたが送ったメールを相手に配送することができなかった」ことを通知するために、エラーを検出したメール配送システムから自動送信されるメールです。Web メールの場合には、図 1.8.6 に示すように、日本語に翻訳して表示してくれることもあります。

　エラー通知メールの本文中には、相手に配送できなかった理由（何が起きたのか）が記述されています。「英語だからわかんないや」といって読まずに無視するのではなく、きちんと目を通し、必要に応じて適切に対処するようにしましょう。

　以下に、エラー通知メールに含まれる典型的なキーワードの意味と対処方法を示します。

Unknown user
　　　意味：　宛先のメールアドレスのユーザ名（@より前の部分）が存在しない。
　　　対処：　宛先のメールアドレスを間違えていないか確認する。

Host unknown
　　　意味：　宛先のメールアドレスのユーザ名（@より後ろの部分）が存在しない。
　　　対処：　宛先のメールアドレスを間違えていないか確認する。

Message size exceeds ...
　　　意味：　メール（大抵は添付ファイル）のサイズが大きすぎる。
　　　対処：　添付ファイルが複数あるなら数回に分けて送る。
　　　　　　　ひとつが大きい場合にはメール以外の方法を検討する。

Disk quota exceeded.
　　　意味：　受信者のところで空き容量が足りなくてメールが保存できなかった。
　　　対処：　受信者に（メール以外の方法で）メールが溢れていることを伝える。

---

[1] メールの配送は全世界規模なものなので、日本国内同士のメール送信に関するエラー通知であっても、エラーメールは英文になります。

```
This is the mail system at host univ-A.example.ac.jp.

I'm sorry to have to inform you that your message could not
be delivered to one or more recipients. It's attached below.

For further assistance, please send mail to postmaster.

If you do so, please include this problem report. You can
delete your own text from the attached returned message.

                The mail system

<xxxxx-zzzzz@docoka.example.net>: host mfsmax.docoka.example.net[123.45.67.89]
said:
   550 Unknown user dareka@docoka.example.net (in reply to RCPT TO command)
Reporting-MTA: dns; univ-A.example.ac.jp
X-Postfix-Queue-ID: E6BAD9FB99
X-Postfix-Sender: rfc822; 23c5678q@univ-A.example.ac.jp
......
<以下　メッセージが続く>
```

図 **1.8.5**　エラーメールの例

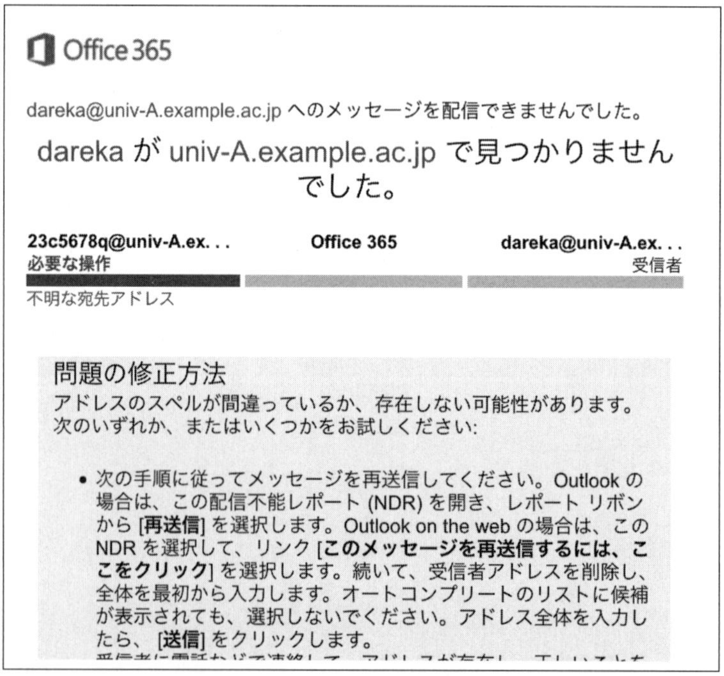

図 **1.8.6**　クラウドメールシステムのエラーメールの例

第2章から第4章について

これらの章では、パソコンを学習活動で使用するにあたって必要となる、文書作成ソフト、プレゼンテーションツール、表計算ソフトについて取り上げます。本書ではそれぞれのソフトの操作方法ではなく、

- 基本的な概念（何のための道具なのか）
- どういう使い方をすれば作業の効率化になるのか

といったことについて説明します。高校の情報系科目でも学んできているとは思いますが、復習の意味で目を通してください。

第 2 章

文書作成ソフト

2.1　文書作成ソフトとは

　文書作成ソフト（ワードプロセッサ）は、文章が主であるような文書を作成するためのツールです。このような文書を作成するためには単に文字が入力できればいいのではなく、文書全体の構成の変更や推敲といった、いわゆる "編集" を行うための様々な機能が必要になります。

　文書作成ソフトで作成された文書は、多くの場合、最終的には紙に出力されることを前提としています。そのため 1 ページの大きさ（用紙の大きさや向き）、1 ページに含まれる行数、1 行の文字数などといったページレイアウトも重要になります。

　なお、チラシやポスターのように、紙面上の様々な位置に画像や文字を配置するタイプの文書は、文書構造の制約が強い文書作成ソフトよりも、自由にレイアウトができるプレゼンテーションツールを使った方が簡単です。

　Word（ワード）は Microsoft Office の中の文書作成ソフトです。文書作成のみならず、図形描画、Web ページ作成など、豊富な機能を持っています。Microsoft Office の他製品とデータの相互乗り入れができるため、Word 文書内で Excel の機能を用いたグラフ描画や表計算を行うことも可能です。

2.2　編集機能

　文書編集のための基本は、やはり文字入力です。スマートフォンの場合には画面が狭いこともありフリック入力と先行予測による変換候補の表示など、タッチ画面向けの工夫がされています。これに対してパソコンの場合にはタッチ画面でないことが多いので、基本的にはキーボードを使った入力が主となります。変換候補も入力された内容に従ってのみ表示され、未入力部分を先に予測して候補を表示するものは少ないように思われます。

　スマートフォンでもパソコンでも、入力の速度は慣れによって大きく変化します。スマートフォンでの入力とキーボードでの入力はだいぶ勝手が違うので、キーボード入力に慣れないうちはスマートフォンの方が楽、ということもあるでしょう。

表 2.1　カット, コピー, ペーストのキーボードショートカット

	Windows	macOS
カット	対象を選択後 Ctrl - X	対象を選択後 command - X
コピー	対象を選択後 Ctrl - C	対象を選択後 command - C
ペースト	Ctrl - V	command - V

2.2.1　カット アンド ペースト

　長い文書を作成するときには何度も推敲を行います。推敲作業では、文中の語順を入れ替えたり、文章や段落を移動したり、という作業が頻繁に生じます。また似たような構造や表現の文を繰り返し記載するような場面もあります。こういったときに元の文章があった部分を一文字ずつ削除し文章を新たに入れたい場所で同じ文章をもう一度入力する、似た文章を毎回一から入力する、という方法では作業効率がとても悪くなります。

　すでに入力した文章を他の場所に移動したりコピーしたりする方法として、「Cut&Paste（カットアンドペースト）」あるいは「Copy&Paste（コピーアンドペースト）」と呼ばれる操作があります。この 2 つの操作は、「カット」「コピー」「ペースト」と呼ばれる 3 種類の基本操作から成ります。

カット

　　　移動したい部分を切り取る操作。移動したい部分は、ポインタでクリックしたり、あるいはポインタでドラッグすることで範囲指定します。カットされたものは「クリップボード」と呼ばれる場所に記憶されます。

コピー

　　　移動元から削除されないことを除いて、カットと同じです。選択された部分はクリップボードに記憶されます。

ペースト

　　　クリップボードに記憶されている内容を文書中に貼り付ける操作です。貼り付ける場所はポインタで事前に指定しておくのが一般的です。クリップボードに記憶されているデータは、他のデータをクリップボードに取り込むまで残っています。そのため同じデータを続けて何度もペーストすることができます。

　カットやペーストの操作は、メニューやツールバー、マウスの右クリックメニューなどから行うことができます。移動したいものが文章中の一部で、移動先も画面上で見えている場合には、移動したい部分を選択状態にし、それをそのまま移動先までドラッグ＆ドロップできる手法が使えることもあります。また、表 2.1 に示すようなキーボードショートカットが用意されています。キーボードショートカットを覚えるとマウス操作よりも早く作業ができます。

2.2.2　検索と置換

　文書作成では、語句の表記揺れが起こることがあります。「PC」と「パソコン」、「スマート
フォン」「スマフォ」「スマホ」などです。また、句読点を「、。」ではなく「, .」に揃える必要
があるかもしれません。文書中から特定の文字列を見つけ、別の文字に置換したりするのは、
文書作成ソフトが得意とするところです。人が目で探してひとつひとつ入力し直すのに比べて
圧倒的に高速ですし、漏れがなく確実です。

　ただし、いきなり一括置換すると意図しないところも置き換わってしまうことがあります。
例えば「PC」を「パソコン」に一括置換すると、「POPCORN」が「PO パソコン ORN」に
なっているかもしれません。慣れるまでは一つ一つ確認をしながら置換した方が安全かも知れ
ません。

コピペ問題

　世界中の多くの大学は「コピペ問題」に悩まされています。コピペ問題とは、レポート
課題が出されたときに、

　（a）Web サイトを検索し、検索結果として表示される他人の文章を自分のレポートにコ
ピペする

　（b）先輩や友達のレポートを電子的にコピーする

　（c）掲示板などで質問して回答を得て、その回答を自分のレポートにコピペする

といった手法でレポートを作成し、提出する問題です。

　この行為を「良い」か「悪い」かと問うならば、恐らく「悪い」と答える方が多いので
はないでしょうか。「悪い」と思っていても実際にこのような行為が跡を絶たないのはな
ぜなのでしょうか。

　そもそも「なぜ」悪いのでしょうか。「○○○○というエラーが出る時にどう対処した
らいいのか調べて」といったように、課題を出した側が本当に課題の答えを知りたいので
あれば、Web 検索を利用したり知識のある人に助けを求めたりすることは、答えを短時
間で得るために有効な手段です。

　しかしレポート課題は一般に「考える訓練」をするためのものです。「考える」ステップ
を自分で行わないやり方は何も得るものがありません。「絶対に Web 検索を利用するな」
といっているのではありません。Web 検索で得られた内容をそのまま丸写しするのでは
なく、複数の情報源から得られた情報を整理・分析し、伝わりやすいように自分なりの表
現を工夫するといったことを実行して欲しいのです。

2.3　フォーマットを整える

　レポート課題や学術論文誌などに投稿するときには、用紙サイズ、行数、余白の取り方などが指定されていることがあります。これらは一般に「フォーマット（書式）」やページレイアウトなどと呼ばれています。文書を作成する前に最初に設定することもありますし、後から変更することもできます。

　皆さんが通常使用するノートは「B5 判」ですが、大学や事務で作成される書類は「A4 判」の用紙サイズで出力されることが多いように思います。外国の学術論文誌の場合には、letter サイズという、日本の判型とは異なる縦横比の用紙サイズが標準になっていることがあります。

2.3.1　フォント

　文章を作成するときの「文字」には様々な見た目のものがあります。これを**フォント**（書体）といいます。世の中には膨大な数のフォントがあります。文書の目的に応じて、様々な種類や大きさのフォントを組み合わせて使用することになります。図 2.3.1 に示すように欧文フォントはいわゆるストロークの端点に飾りのついた**セリフ体**と、そういった飾りのない**サンセリフ体**に分類されます。また日本語フォントは、大きく**明朝体**と**ゴシック体**に分かれます。セリフ体や明朝体は文章の本文部分によく使われ、サンセリフ体やゴシック体は強調したい部分、見出し部分などでよく使用されます。最近では読みやすさを重視してデザインされた**ユニバーサルデザインフォント**（UD 書体）も開発されています。なおコミックでは、漢字の部分はゴシック体、かなの部分は明朝体という、独特なフォントの使い方をしています。

　文字の幅に着目すると、文字毎に幅が異なる**プロポーショナルフォント**と、すべての文字が同じ幅の**等幅**フォント（モノスペース）とがあります。伝統的な欧文フォントの多くはプロポーショナルフォントです。

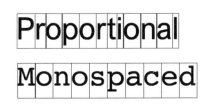

図 **2.3.1**　フォントの種類

　フォントの大きさは「pt（ポイント）」という単位で表すのが一般的です。これは出版業界で使われてきた単位・用語がそのまま文書作成ソフトに導入されたためです。通常の文書の本文部分のフォントサイズは 10〜11pt が標準的な大きさで、実際 Word での初期値は 10.5pt になっています。

2.3.2　マージンとヘッダー、フッター

図 2.3.2 に文書の標準的なレイアウトを示します。

用紙の上下左右にある、本文が配置されない余白部分のことを**マージン**と呼びます。A4 判の書類の場合 2.5cm 程度のマージンが一般的です。数字だけみるとスペースの無駄になっていると感じるかもしれませんが、実際に紙に印刷してみるとそれほど広くは感じないと思います。用紙サイズいっぱいに文字を配置すると非常に窮屈な印象になるため、適度な余白は重要です。一般に販売されている書籍の余白を注意してみると、意外に広いことがわかります。この余白部分は、後述するヘッダーやフッターを配置したり、二穴バインダーで綴じるときの綴じ代となったり、書籍の場合には小口寄りの見出しを入れたりするのに使用します。

なおポスターなどでは背景の画像を用紙の端いっぱいまで入れることが多いので、文書作成ソフトでは作りにくいところがあります。そもそも文章も単純に文字が並んでいるのではなく、図形として配置されている面が強いため、文書作成ソフトよりプレゼンテーションツールの方が向いているかもしれません。

文書のほぼ全ページにわたって上部のマージンに入るものを**ヘッダー**、下部のマージンに配置するものを**フッター**といいます。通常、ヘッダーには章見出しを、フッターにはページ番号（ノンブル）や脚注などを配置します。

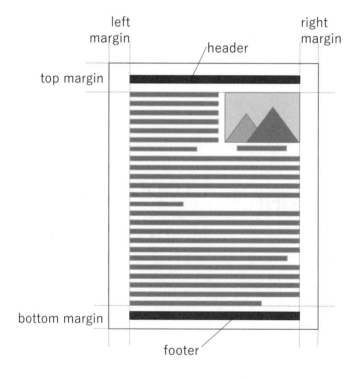

図 2.3.2　マージンとヘッダー、フッター

2.3.3　1 ページの行数、1 行の文字数

　文書のフォーマットとして、1 ページの行数や 1 行あたりの文字数を指定されることがあります。

　本来は、フォントサイズが決まることによって読みやすい行間が決まり、その結果として 1 ページあたりの行数が決まるものです。そのためフォントサイズを無視して 1 ページの行数を先に固定すると、行間が異常に狭くなったり広くなったりします。添削のための書き込み領域として意図的に行間を広くすることはありますが、通常は文書作成ソフトの標準値のままにしておくのがよいでしょう。

　1 行あたりの文字数も同様です。本来は、フォントサイズが決まることによって 1 行に収められる文字数が決まります。先に 1 行の文字数を固定すると、文字と文字の間隔が異常に狭くなったり広くなったりして、読みにくくなってしまいます。

　プロポーショナルフォントを使っている場合には、1 行の文字数を固定することにはあまり意味がありません。等幅フォントの場合も、行頭に句読点が来ないようにする**禁足処理**なども行われるため、必ずしも 1 行の文字数が指定した数になりません。あくまでも目安程度だと思っていた方がいいでしょう。

2.3.4　右揃え、中央揃え、インデント

　ビジネス文書の場合には、タイトルを中央寄せにしたり、日付を右寄せにしたりといった体裁が重要になります。また箇条書きや引用部分では、行の左端の位置をマージンからさらに一定の量だけ離して見易くすることもよく行われます。このときに空白文字を使って見た目の調整をするのはやめましょう。図 2.3.3 に示すように、後から文字サイズを変更したり用紙サイズを変更したりしたときにレイアウトが大きく崩れてしまい、修正がとても大変になります。このようなレイアウト変更をしない場合でも編集が面倒になります。

　文書作成ソフトには基本的なレイアウト機能として右寄せや中央寄せの機能があります。そういった機能を利用してレイアウトを行うと、図 2.3.4 に示すように後から文字サイズを変更したり用紙サイズを変更したりしても基本的なレイアウト構造が維持されます。

2.3.5　見出しと目次、脚注、参考文献の参照

　学術論文などでは、文書の様々な部分を本文内で相互に参照することがあります。そのページの下部あるいは章末に脚注を載せたり、本文中で巻末の参考文献番号を入れたりといったことです。手動で番号を入力すると脚注や文献の増加に伴って番号がずれてしまうといった問題が生じます。文書作成ソフトでは、こういった文書内参照を適切に管理し、編集に伴って番号を自動的に割り振り直す機能がありますので、活用しましょう。文書の規模が大きくなると、見出しから目次を自動生成する機能も便利です。

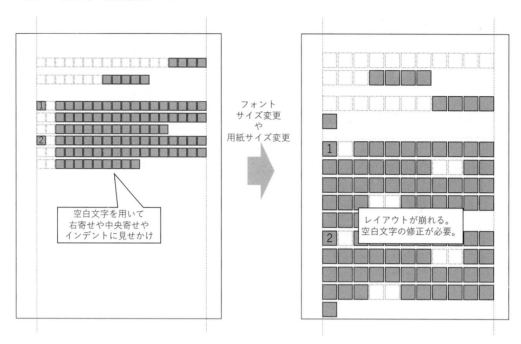

図 2.3.3　空白を用いてレイアウトすると変更に対応できない

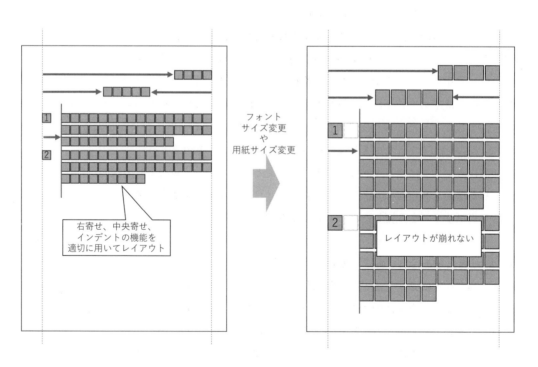

図 2.3.4　ワープロの機能を適切に使うとレイアウトが崩れない

2.4　人に読んでもらうための文書

　これから多くの場面で報告書の提出を求められます。報告書には、「論文」「マニュアル」「企画書」などがあり、それぞれ「研究成果を認めてもらう」「機器の操作方法を習得してもらう」「企画を採用してもらう」という目的があります。他人に読んでもらう文書は、相手に正確に意図を伝え、目的を達成することを念頭に置いて書きましょう。

　レポートや論文は、エッセイ・作文とは違います。エッセイとは、経験や知識に基づいて、自分の意見や感想、思索を散文としてまとめた文章のことです。エッセイでは決まったスタイルや明確なテーマがないこともあり、文体やストーリーの面白さがより重視されます。私たちが小学校の国語の時間で書いてきたのは、基本的にエッセイです。

　一方、大学で求められるレポートや論文は、単に調べものをして報告するものではありません。事実やデータの積み重ねおよび論証の過程がしっかりしていなければいけません。集めた情報を分析し、自分なりの意見（視点）を明確に書くことが重要です。インターネットや文献の情報を丸写ししただけのレポートではほとんど評価されません。なお「サーベイ（survey）」という、既存の研究や分野の動向をまとめた報告書の形態もありますが、調査対象の選択や結果分析に著者自身の創意が必要です。

2.4.1　相手に応じて用語を選ぶ

　専門知識がない人向けの文書（特に企画書など）では、専門用語を平易な言葉で言い替えるのがよいでしょう。一方、論文では、定義が決まっている専門用語を用いることで、あいまいさを排した議論ができるようになります。以下のような点に注意して、用語の意味を確かめてから使いましょう。

- 分野による用語の定義

  多くの場合、それぞれの分野で使用される用語とその定義をとりまとめた辞典があります。学術以外にも用語の規格は存在します。例えば、工業の分野では JIS 規格用語[1]などがあり、外来語の表記については、文部科学省の告示[2]などがあります。

- 日常用語が専門用語として使われる場合

  特に外国語の用語の場合、語源の知識がないために、思い込みで解釈してしまいがちです。例えば、ソフトウェア会社で「8 文字のユニークな ID をキーとし…」とマニュアルにあったら、それは面白い 8 文字の語句をキーにするということではありません。この場合の「ユニーク」は「一意の（ただ一つの）」を表しており、重複しない 8 文字の ID をキーに（検索やデータベース構築を）するという意味です。

---

[1] 日本工業標準調査会 `http://www.jisc.go.jp/`
[2] 内閣告示第二号（平成三年六月二十八日）

2.4.2　文体を揃える

　「です・ます調」か「だ・である調」のいずれかに統一します。ある程度の期間をかけて文書を記述していると文体が揺らぐ時があります。素材をWebサイトなどから集めた場合にも異なる文体が混在しがちです。書籍では本筋と離れた情報をコラムとして挿入したいときに文体を変えることがあります。しかしレポートでは意見を筋道立てて論述することが主眼ですので、特別な理由がなければ文体の混在は避けましょう。

2.4.3　章、節、段落に分ける

　論文の各構成要素は、大きな意味のまとまり毎に分割しましょう。特に大きな固まりには見出しをつけましょう。見出しがあると論旨の流れの大筋がみえるため、読み手の理解を助けてくれます。レイアウトも工夫し、視覚的にも構造がわかるようにしましょう（タイトルを左右中央に配置する、段落の間には余白を設けるなど）。

　小さな意味のまとまりは段落を分けます。段落の単位は文の量ではなく、意味です。したがって一文だけの段楽になることも起こり得ます。

2.4.4　簡潔に書く

　文章は適切な長さに分割しましょう。

一般に飛行機内でスマートフォンが利用できない時間帯は出発飛行機のドアが閉まった時から着陸後の滑走が終了した時までであり、それ以外の場合や機内モードであれば利用できますが、機長が安全運航に支障があると判断された場合は機内モードであっても利用できず、違反した場合は航空法により罰金が科せられることもあります。

　この例はで一つの文が152文字から成っています。文章を分けると読みやすくなります。

一般に飛行機内でスマートフォンが利用できない時間帯は、出発飛行機のドアが閉まった時から着陸後の滑走が終了した時までです。それ以外の場合や機内モードであれば利用できますが、機長が安全運航に支障があると判断された場合は機内モードであっても利用できません。違反した場合は航空法により罰金が科せられることもあります。

2.4.5　被修飾語をはっきりさせる

　被修関係がはっきりしない文章は、句点（、）を用いたり語順を替えることで被修飾語を見つけやすくなります。以下の（ア）では、楽しそうにしているのが「実験している学生」なのか、それとも「話しかけた先生」なのかを特定できません。（イ）〜（エ）のようにすると、「楽しそうに」が修飾している語句がはっきりします。

　（ア）「先生は楽しそうに実験している学生に話しかけた。」

　（イ）「先生は、楽しそうに実験している学生に話しかけた。」 ⟹　学生が楽しそう

　（ウ）「先生は楽しそうに、実験している学生に話しかけた。」 ⟹　先生が楽しそう

　（エ）「先生は実験している学生に楽しそうに話しかけた。」 ⟹　先生が楽しそう

2.4.6　図表や画像の配置

　文書作成ソフトで作る文書の主役は文章ですが、図や表で示すことで言いたいことがより明確に伝わるようになります。図表は補足資料という位置づけなので、必ず本文中で「〜を図14に示す。」のように図番号等で参照し説明します。

　なお図表をページ上のどこに配置するかについても、ルールがあることがあります。一般の書籍の場合にはページの上部や下部に配置されることが多く、上下を文章に挟まれたような位置に配置することは少ないようです。

　画像を文書に貼り込む際には画像の容量にも注意が必要です。特にスマートフォンで撮影した画像は縦横それぞれ数千ピクセルもあり、画像ファイル単体で数 MB のサイズになることがあります。ページのレイアウト上で画像を縮小して配置しても、データとしてはもとの容量のまま保持されています。そのため画像を十枚程度貼り付けただけでも文書サイズが数十 MB 以上になってしまいます。

　紙に印刷する分には高解像度のままの方が綺麗ですが、電子的な形でやりとりをする場合には文書のファイルサイズに気を配る必要があります。例えば、レポートをアップロードする教育用ポータルシステムなどのアップロードのファイルサイズ制限にひっかかってしまうと、レポートが提出できなくなります。文書内に配置する画像は、文書ファイルに貼り込む前に、画像編集ソフト等で解像度を落とすことも検討しましょう。

2.5　レポートや論文の構成

2.5.1　全体の構成例

　論文の構成には決まったスタイルがあります。通常、論文では序論・本論・結論という流れで文章を展開します。細かい要素に分けると、表題（タイトル）、要旨（アブストラクト）、はじめに（イントロダクション）、仮説、実験方法、結果、考察、謝辞、参考文献などになります。これらの要素に従って見出しを付けて文章を章や節に分けます。論文の長さやスタイルによっては使わない要素があるかもしれません。

科目名　情報処理概論

提出日　2024 年 7 月 20 日

学生番号　23C5678Q　氏名　牛若　太郎

　　　　　　レポート課題：「こどもにスマートフォンは必要か」に関する調査

1. 調査目的

　こどもの視点、親の視点、学校の視点から「スマートフォンをこどもが持つ必要性」について調査することを目的とする。

2. 仮説（予想）

　持たせる側の親と持つ側のこどもが期待する主な利用目的が違うため・・・

3. 調査方法と結果

　文献調査を実施した。文献 [1] では・・・、文献 [2] では・・・が示されている。表 1 のアンケート用紙を作成しアンケートを実施した。集計結果を図 1 に示す。

4. 考察（仮説の検証）

　・・・

5. 結論と今後の課題

　・・・

参考文献

[1] 矢野直明 著，林紘一郎 著，「倫理と法 ― 情報社会のリテラシー」，産業図書（2018）．

[2] 山住富也 著，湯浅聖記 著：「ネットワーク社会の情報倫理」，近代科学社（2019）．

図 **2.5.5**　**レポートの構成の例**

表題

多くの場合、読者は表題と著者名を見て、その文献に目を通すかどうかを判断します。次に、要旨や序論・結論を読み、文献全体を読むかどうかを判断します。論文のタイトルには、重要なキーワードを含めて、**専門分野以外の人でも何が書かれているのかある程度は分かるようにしましょう**。

序論

本論で扱うテーマの説明と問題提起をします。**何について書くのか、なぜそれを書くのか（研究の意義・問題背景）を示しましょう**。

本論

本論には、「仮説」「実験方法」「結果」などが含まれます。ここは、**得られた結果（事実）を詳しく説明して、結論で述べる考察（自分の意見）につなげていく部分です**。仮説を立てた場合には、仮説とその検証方法についても説明します。「**行った実験や研究の具体的な方法**」「**実験や研究から得られた結果**」について記述しましょう。

結論

結論では、得られた結果について簡単にまとめ、**結果（事実）に基づいて自分の意見を記述します**。研究の意義や手法の評価、今後の課題、他の研究との比較などが含まれることもあります。序論の主張との整合性を執筆後に確認しておきましょう。

参考文献

参考文献では、引用の出典などを記載します。専門分野や雑誌によって記載方法のフォーマットが決まっていることがあります。基本的には、第三者がその情報を特定・入手するのに必要な情報（具体的には「著者名」「タイトル」「出版社」「巻数、ページ数」「刊行年月日」など）を記述します。以下に文献の種類毎に書き方の例を示します。

書籍: 著者名, 書籍名, 出版社, 出版年.

例：ジョン・V・スミス 著, 枕野志保 翻訳,「大学論講義」, 仮想大学出版会（2012）.

例： John V. Smith, "The idea of Japanese University", Virtual Univ. Press., 2012.

新聞: 著者名, タイトル, 新聞名, 掲載日と朝刊/夕刊など, 欄名かページ数.

例：荒馬利恵,「ネガッタリカナッタリ」, 仮想新聞 2010 年 5 月 1 日朝刊, 編集記.

インターネット上の著作物: 著者名, サイト名とタイトル, URL, 参照日.

例：伊庭猫放浪記,「ゼリーとトロミの微妙な関係」, http://example.com/8.php（2018 年 1 月 15 日参照）.

― 引用と剽窃（ひょうせつ）―

　　本文中に他人の著作物の文章を引用する際には元の文章を正確に写します。要約した場合は、本文中や脚注（ページの余白の備考）に要約である旨を記します。

　　引用には分量の制限と引用の仕方のルールがあります。引用部分が地の文と明確に区別できるようにします。文中で引用するならばカギ括弧（「」）で囲むのが一般的です。引用部分が数行にわたる場合には、以下のように行を改めてインデントします。

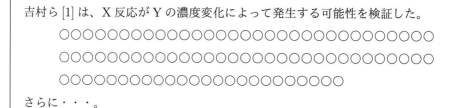

　　適切な引用では著者の許諾を得る必要はありません。「引用」とは本来、著者に無断で行うものなので「無断引用」という非難は的外れです。他人の文章をあたかも自分が書いたかのように丸写しする行為は**剽窃**と呼びます。

2.6 執筆の流れ

1. 分量、フォーマット、締め切りなどを把握する

   レポートや学会への投稿原稿などでは、ページ数とマージン、フォントの種類とサイズ、参考文献の書き方 など、フォーマットが指定されていることがあります。フォーマットから大きく外れると受理されなかったり、評価が下がったりすることがあります。

   どのくらいの分量を書く必要があるのかは、テーマ設定にも密接にかかわってくるため、最初に把握しておきましょう。

   大抵のレポートには、提出期限があります。執筆にかけられる時間は、提出期限に間に合うよう余裕をもって見積もりましょう。

2. テーマを絞り込む

   研究論文では、報告書を作成する段階になれば、すでに調査すべきことが明確であったり、あるいは調査結果が既に得られていたりすることが多く、テーマ選択に悩むことは少ないかもしれません。レポートにはゆるやかなテーマが与えられることが多いようです。漠然としたテーマに対する自分なりの視点を持つために、テーマを絞り込む必要があります。以下のステップを繰り返します。最初は発想を膨らませて思考を広げる方向に、関心領域がはっきりしてきたら絞り込む方向にサイクルを回します。

   (a) とりあえず思いつくキーワードらしきものを書き出す

   (b) 辞典・事典・用語集で類義語を調べる

   (c) 検索サイトを使って情報を収集する

3. 文献や資料を収集し分析する

   テーマがはっきりしてきたら、より確かな資料を収集して分析を行います。Wikipediaなどは情報収集の段階で着想を膨らませるために使うにはよいのですが、レポートの根拠資料としてはふさわしくありません。できるだけ原典（論文ならば原論文）にあたる習慣をつけましょう。

   (a) 図書・雑誌・記事などの情報を収集する（インターネット上の情報も活用しましょう）

   (b) 図書などはレビューを参考にする

   (c) 情報を分析し、自分なりの視点を考える

4. レポートを執筆する

   いきなりキーボードに向かって完成された文章をすらすら入力できることはまずありません。まずは、頭と手を使って自分の考えをまとめます。どういうことを述べたいのか項目を書き出し、グループ化し、因果関係などを考えながら順序づけます。次第に思考の輪郭がはっきりしてきます。少しずつ書き進めたりメモを残したりしてみましょう。メモ書きには有用なアイデアを記録に残すということだけでなく、脳に情報を定着させる効果もあります。

2.7 演習問題

演習 1. 文書作成ソフトを起動して、自己紹介の文章を書いてみましょう。ファイルに保存したら、一度文書作成ソフトを終了しましょう。先ほど保存したファイルの編集を再開してみましょう。

演習 2. 短い昔話や好きな音楽の歌詞を入力して、文字入力方法を確認しましょう。読みのわからない漢字や特殊な記号を入力するにはどのような方法があるか、確認しましょう。

演習 3. 「機種依存文字」とは何かを調べ、まとめてみましょう。機種依存文字を使用すると どのような問題があるでしょうか。

演習 4. 「桃太郎」と「金太郎」が出てくる短いお話を作ってみましょう。完成したら、「桃太郎」と「金太郎」を入れ替えてみてください。

演習 5. 置換機能を利用して、「です・ます調」の文章を「だ・である調」に変換してみましょう。

演習 6. A4 判横置きで駐輪禁止の貼り紙を作ってみましょう。クリップアートなどでイラストを配置してもかまいません。

演習 7. 文書内に大きな画像を配置してみましょう。もとの画像のサイズを確認しておきましょう。文書に貼り込む画像のサイズを様々に変更し、文書ファイルのサイズが変化するか確認しましょう。
文書ファイルのサイズを小さくするにはどのようにしたらいいか、考えてみましょう。

演習 8. レポートなどを PDF 形式で提出することを求められることがあります。印刷機能を利用して PDF ファイルを作成してみましょう。

演習 9. フッターにページ番号を入れてみましょう。うまくできたら、次に表紙だけページ番号を付けない設定を探してみましょう。

演習 10. 論文などでは、「タイトルと著者名は中央寄せ、概要などは1段組、本文部分は2段組」というレイアウトを指定されることがあります。文書の途中で**段組**を変更してみましょう。

演習 11. 自分の専攻分野の論文をいくつか入手してみて、どのような構成になっているか調べてみましょう。

第3章

プレゼンテーションツール

3.1 プレゼンテーションとは

プレゼンテーションとは、講師が聴衆に向かって対面で説明するコミュニケーションです。プレゼンテーションには様々なスタイルがありますが、ここではプロジェクターや大型ディスプレイに資料を提示しながら話す方法を取り上げます。このような場面で使用するアプリケーションをプレゼンテーションツールと呼び、Microsoft 社の **PowerPoint** などが有名です。

PowerPoint ではプレゼンテーションを構成する資料を複数の**スライド**として作成します。一つの画面内で動きのある視覚効果をつけたり、画面の切り替えにアニメーションをつけることができるので、紙の資料では実現しにくい魅力的なプレゼンテーションが可能になります。デザインテンプレートもいくつか用意されているので、そこから好みのデザインを選ぶことができます。

PowerPoint は手軽に見栄えの良いプレゼンテーションが作成できてしまうため、「見た目だけはいいけれど何を言いたいのかわからない」といったことが往々にしてあります。また見栄えを良くするところにばかり力を入れてしまうという弊害も指摘されています。そのため会社によっては、社内のプレゼンテーションに PowerPoint を使用するのを禁止しているところもあります。

プレゼンテーションは「聴衆」と「場」があってはじめて成り立つものです。この2つを考慮に入れてプレゼンテーションの構成を考える必要があります。前もって以下のことを確認しておきましょう。

- 対象は誰か
  - 聴衆に予備知識はあるか
  - 聴衆は何を求めているのか
- どういう場なのか
  - フォーマルな場か／カジュアルな場か
  - プロジェクタか液晶モニターか／縦横比／インターフェイス（VGA ／ HDMI）
  - 会場の広さ（聴衆との距離）
- 発表時間と質疑の時間はそれぞれどのくらいか

3.2　スライドの作成に取り掛かる前に

3.2.1　ゴールを設定する

　どういう場なのか、対象者はどういう人なのか、を考えながら、どういう内容をどのくらいの粒度で話すかを決めます。このとき気をつけなければならないのは、「話したいことは何か」という視点で考えるのではなく、「聴衆が知りたいことは何か」という視点で考えることです。

　話す内容を厳密に正確にすることにこだわりすぎると、かえって話が分かりにくくなることがあります。時間が少ないときには、多少正確性を欠くことになっても「ざっくりと話す」ことが必要になります。

3.2.2　アウトラインをつくる

　次に話す順序、すなわちアウトライン（プレゼンテーションの大まかな流れ）を考えます。ここで「考えた順番」に話すと意外と伝わらないということに気をつけましょう。思いついた順に話しても、聞いたほうがわかりやすいとは限りません。書き物であれば読者は前に戻って読み返したりできますが、プレゼンテーションではそうはいきません。「聞いて分かりやすい順序」を考える必要があるのです。

3.2.3　スライドの枚数

　プレゼンテーションのアウトラインが決まったら、それを複数のスライドに落とし込むことになります。

　よく聞かれる質問に「何枚のスライドを作成すればいいのか」というものがあります。これは、プレゼンテーションに使用できる時間と話の粒度で決まるものです。書籍の中には「おおよそ 1 分あたり 1 枚」などと書いてあるものがありますが、そう単純ではありません。1 つのスライドでは 1 つのポイントを説明することを意識しましょう。10 秒もかからないスライドもあれば、図表のようなスライドでは一枚を長時間かけて説明することもあります。

　発表時間を考えながら、話したい各項目について「どういうスライドを見せるのか」、「どの程度詳しく話すのか」を考えます。この作業はプレゼンテーションツールを使って行うよりも、Post-It などの付箋紙などを使ってアナログ的にやったほうが、全体像が把握しやすかったり枚数のバランスの調整がしやすかったりします。

3.3 スライドの作成

3.3.1 スライドのカタチ

プレゼンテーションツールで作成するスライドのカタチは、横と縦の比率によって「4:3」「16:9」など様々なものが選べます。会場のプロジェクタやディスプレイの大きさ（形）に合わせて作成することが望まれます。

かつてのパソコンに接続されるディスプレイの大きさは横 1024 ドット × 縦 768 ドットのような大きさだったため、プロジェクタもその比率で投影するようになっていました。そこで横縦の比率が「4:3」になるようにスライドを作成することが一般的でした。しかしパソコンの画面が DVD コンテンツなどに合わせてワイド画面になり、プロジェクタもワイド対応になるにつれて、ワイド画面に合わせたスライドを作ることも多くなっています。特に指定がなければ、新しい環境に向けて 16:9 で作成すると良いと思います。

3.3.2 各スライドを作る

最初に作るスライドは、アウトラインを示したスライドです。このスライドをプレゼンテーションの最初の方で聴衆に見せることで、聴衆はこれから聞く話の大まかな構成を知ることができます。こういった予告には、聴衆の思考に枠組みを植え付ける効果があります。聴衆は、そのあとに聞く内容をその枠組みに合わせて格納することになり、理解しやすくなるのです。長いプレゼンテーションや難しい内容では、大きなまとまり毎に「次にどこを話すのか」を示すと聴衆の不安を和らげることができます。

アウトラインができたら、各スライドを作成していきます。スライドの作成には様々なコツがあります。

専門用語の取り扱い

専門用語は、その用語に関する知識がある聴衆ならば簡潔な説明をすることができます。しかし、その知識がない聴衆の場合にはわかりにくいだけです。相手に合わせて平易な言葉に置き換える、説明をしながら使う、などです。

文字サイズは大きく

話す文章をそのままスライドに詰め込むのは無意味です。余白を生かして要点を簡潔に配置しましょう。会場の広さにもよりますが、文字サイズは 24 ポイント以上が望ましいとされています。

図やグラフをうまく使う

文章よりは図、表よりはグラフのほうが、イメージを把握しやすくなります。一つの図やグラフに複数の情報を詰め込みすぎると分かりにくくなります。図やグラフでも 1 スライド 1 ポイントを心がけましょう。

アニメーションや切り替え効果をうまく使う

　スライド内のアニメーションは、注目してほしいところを強調するために品良く使うといいでしょう。重要でもないのにアニメーションを使うと下品になります。

　またスライドの切り替え効果は、スライドの大きな区切りを示すのに使えます。すべてのスライド間に派手な効果をつけると台無しになります。

KISS の原則（KISS principle）

　プレゼンテーションでは時間も限られているので、要点を的確に伝えることが求められます。ここでの KISS は「Keep It Simple Stupid」の頭文字で、文書や口頭で何かを説明するときの、**もっとも重要で、常に心にとめておくべきルール**とされています。なるべく単純化し短い言葉でアイデアを伝えることで、アイデアの魅力が際立ち、聴衆の記憶に深く残るようになります。

高橋メソッド

　むやみに大きな字が特徴的なプレゼンテーション手法です。派手なプレゼンテーションツールなどがなくとも、聴衆を引きつけるプレゼンテーションができるいい例です。

　欠点はスライド枚数が異常に多くなることです。配布資料としてスライドを印刷するような状況には不向きです。またフォーマルな場では行いにくいかもしれません。

URL : http://www.rubycolor.org/takahashi/

TED : Technology Entertainment Design

　TED では、様々な分野で活躍する人物がプレゼンテーションを行い、インターネット上に無料で動画配信されます。ほとんどは英語のプレゼンテーションですが、日本でも人気があり、まとめサイトや字幕付きの動画もあります。

　スライドだけでなく、どのようにしたら説得力のあるプレゼンテーションになるのか、導入、話の順番、見せ方など、非常に参考になります。スライドは本当に脇役だということがよくわかります。

日本語版サイト URL http://www.ted.com/translate/languages/ja

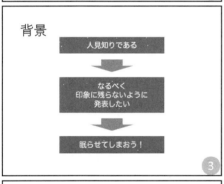
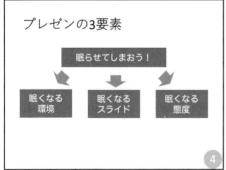
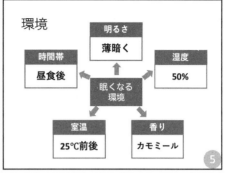
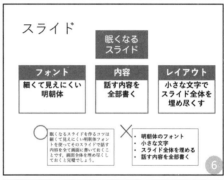
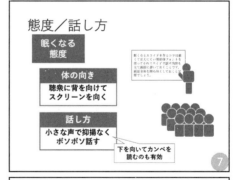

図 3.3.1　プレゼンテーションを組み立てる

3.3.3　ブラッシュアップ

　スライドが完成したら、最後にブラッシュアップして品質をあげましょう。この作業はプレゼンテーションの成否には大きく影響しないかもしれませんが、聴衆に気持ちよく発表をきいてもらうための気遣いといえます。

文章中の改行の位置を整える

　スライド中の文章が複数行にわたる時、単語が行末にかかってしまい途中で分割されてしまうことがあります。これは聴衆にとって小さなストレスになります。スライドの内容がほぼ固まったら、単語が途中で分断されないように、キリのいいところで改行を行いましょう。単に enter だと段落が変わってしまう（新たな箇条書き項目になる）ので、shift + enter で段落内改行を使います。

　なお、この手の微調整を行うと最後に 1 文字だけの行ができてしまい、かえって見栄えが悪くなることがあります。右側に余裕があれば文字枠の幅を少し伸ばせば解消できますが、そうでなければ元の文章の言い回しや表現を見直したほうがいいかもしれません。

スライド番号を入れる

　スライド番号がないと、「各都市を比較したグラフのところなんですが...」「これですか?」「いや、それじゃないな、もう少し前だったかな」「これですか?」「あぁ、それそれ」みたいなやりとりで、貴重な質疑時間を無駄にしてしまいます。

　フッターなどにスライド番号が入っていると、聴衆は気になるスライドを番号で覚えておくことができます。質疑応答の時には「8 番のスライドのところなんですが...」のように、質問したいスライドの場所を簡単に伝えることができるようになります。

補助資料を用意する

　想定問答集を作っておきましょう。質問に答える際に発表で使用するスライドだけでは説明しにくければ、補足説明用のスライドも最後に追加しておくと良いでしょう。なお、「発表の最後のスライド」と「補足説明用のスライド」の間に白紙のスライドを挟んでおくと、補足説明用のスライドを意図せず表示してしまう "事故" を防ぐことができます。

誤字脱字がないか確認する。

　最後に、誤字脱字がないか、もう一度確認しましょう。自分では意外と気づかないので、他人にチェックしてもらうのがお勧めです。

3.4　プレゼンテーションを行う

「何について話すのか」と同じくらい「どのように話すのか」が重要です。

3.4.1　発表練習

いざ聴衆の前に立ってみると、意外と緊張するものです。事前に練習を繰り返すことで大きなミスを避けることができます。発表練習では以下の点を確認しておきましょう。

時間配分

持ち時間より大幅に短すぎたり長すぎたりしていませんか？学生の場合は短すぎることの方が多くて「もうちょっと話せるといいね」などとアドバイスされています。社会人になると持ち時間を大幅に超過する方も見かけますが、他の人の迷惑になるので真似をしてはいけません。

声の大きさ

もちろん会場の広さやマイクが使用できるかどうかなどにもよって出すべき声の大きさは変わります。マイクがない時には、会場の後ろの人にも聞こえるよう大きな声で話すように心がけましょう。口を大きく開けて、一音一音を丁寧に発声するのがコツです。

他人の視点でチェックしてもらう

少し気恥ずかしいかもしれませんが、他人に発表練習を見てもらうことで、自分では気づかない問題点に気づくことがあります。

発表者する当人は当たり前だと思って「したがって、」などでさらっと説明した部分が、そうではない人にとっては、なぜそうなるのか全く自明ではなく、論理が飛躍していると指摘されることがあります。

3.4.2　本番！

落ち着いてゆっくり話そう

緊張すると早口になります。意識してゆっくり目にしてちょうどいいくらいです。

聴衆に向かって顔を上げて話そう

聴衆に顔を向けて話すと、聴衆は自分に語り掛けられているように感じます。そのためにはパソコンの画面やスクリーンを見ないで話ができるぐらい内容を頭に叩き込んでおく必要があります。これは練習あるのみです。

質疑応答

質問されて固まってしまわないようにしましょう。「はい・いいえ」で答えられる質問は、まず「はい・いいえ」を答え、詳しい理由はその後に回答します。

即答できない質問は「確かめてからお答えします」、「申し訳ありませんが判りません」という返事でもかまいません。

3.5 演習問題

演習 1. 都道府県のうち自分の好きなものをひとつ選び、5分間程度の観光広報スライドを作成してみましょう。

演習 2. 忍者が現れたり消えたりするように見えるスライドを作成してみましょう。一枚のスライドでアニメーション機能を用いて作るとどうなりますか。アニメーションを使わず、複数スライドを使って作成するとどうなりますか。

演習 3. インターネット上には様々なスライドが公開されています。いくつか検索してみて、どのような点が良いか、また改善すべき点があるかどうか、考えてみましょう。

演習 4. 画像ファイルをスライドに貼ってみましょう。一枚の画面に複数のスライドを並べるときには、大きさや配置のバランスなどで印象が大きく変わります。

演習 5. プレゼンテーションを行ってみましょう。
途中で前のスライドを参照したり、質疑応答の時に、指定されたスライドをすぐに出せるかどうか、試しておきましょう。

第4章

表計算ソフト

　表計算ソフト（Spread Sheet）とは、縦横のマス目に区切られた表の上でデータ処理を行うためのツールです。Excel（エクセル）は Microsoft Office の中の表計算ソフトです。Excel には、表計算機能、グラフ機能、データベース機能など多くの機能がありますが、特によく利用されるのは表計算機能とグラフ機能です。また計算を伴わなくとも表形式でまとめた方が見やすい文書を作るときにも用いられます。

4.1　表計算機能

　文書作成ソフトやプレゼンテーションソフトに比べて、表計算ソフトを難しいと感じる人が多いようです。これは、表計算ソフトでは「セルに実際に格納されているもの」と「見た目」の二重構造になっており、直感的にわかりにくいのだと思われます。

　表計算の画面は「セル」と呼ばれる、縦横に区切られたマス目で構成されています。個々のセルは、B5 のように横方向の列名と縦方向の行の番号で指定します。表計算の画面は紙をイメージしたものではないので、右端や下端はどこまでも（もちろん限界はありますが）広がっています。列名は Z のあとは AA、ZZ のあとは AAA のように桁数が増えていきます。

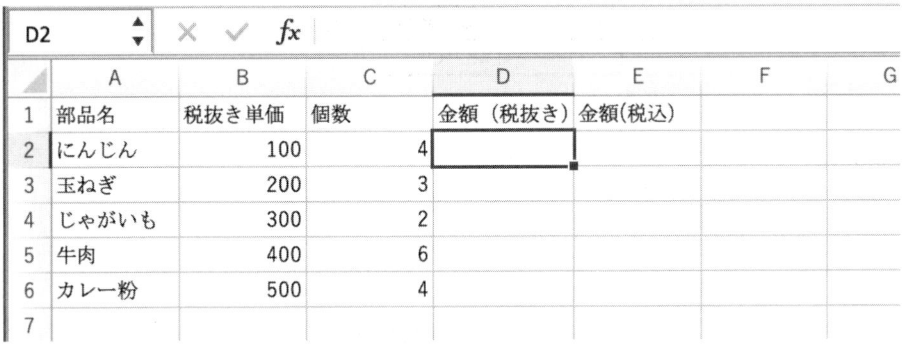

図 4.1.1　データの格納と表示

　図 4.1.1 をみてみましょう。この図ではセル内に表示されているものは、すべて表示されている通りのものがセルに格納されています。つまりセル A3 には「玉ねぎ」、セル B6 には「500」

と格納されています。ここで「500」は半角の数字で入れることに気をつけましょう。全角文字の「５００」では数値として取り扱われません。

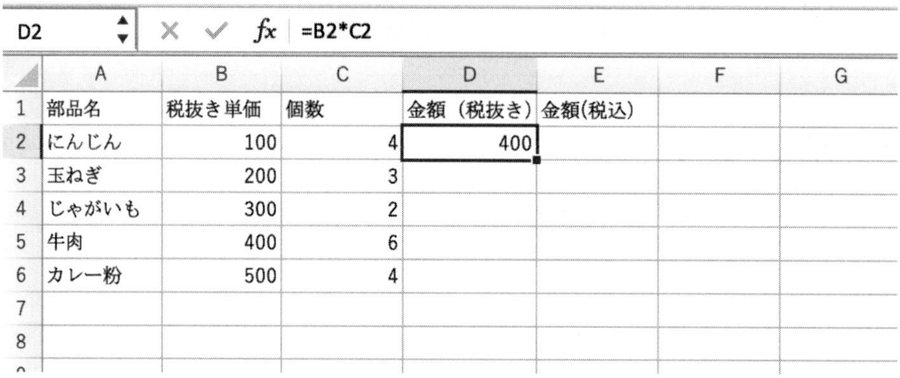
D2 =B2*C2

	A	B	C	D	E	F	G
1	部品名	税抜き単価	個数	金額（税抜き）	金額(税込)		
2	にんじん	100	4	400			
3	玉ねぎ	200	3				
4	じゃがいも	300	2				
5	牛肉	400	6				
6	カレー粉	500	4				
7							
8							

図 **4.1.2**　式の格納と表示

さてDの列には金額（税抜き）を求めたいとします。例えばセル D2 には単価 100 に個数 4 を掛けた 400 という値を入れたいわけです。ここで人間が計算してその結果の 400 という値を格納するのではなく、「=B2*C2」という式を格納します。そうするとセル B2 とセル C2 の値を掛けた結果である 400 が表示されることになります。

図 4.1.2 をみてみましょう。画面上では 400 と表示されていますが、格納されているのは「=B2*C2」という計算式です。上の方に格納された式が表示されているのがわかりますか？セル D2 をさらにクリックすると図 4.1.3 のようになり、計算式がどこを参照しているのかわかりやすく表示してくれます。

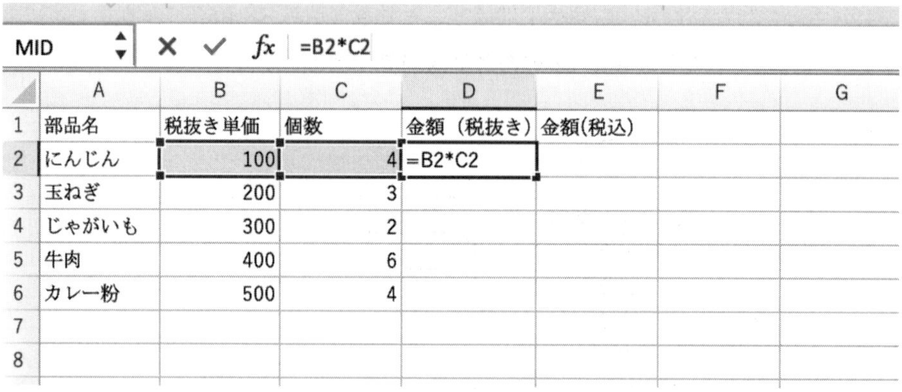
MID =B2*C2

	A	B	C	D	E	F	G
1	部品名	税抜き単価	個数	金額（税抜き）	金額(税込)		
2	にんじん	100	4	=B2*C2			
3	玉ねぎ	200	3				
4	じゃがいも	300	2				
5	牛肉	400	6				
6	カレー粉	500	4				
7							
8							

図 **4.1.3**　式の格納と表示

入力されたものが「=」で始まると計算式とみなされます。このようにセルに式を入れておくと、個数や単価が変更したときに**自動的に再計算が行われます**。これが表計算ソフトの利点です。ちなみに乗除はそれぞれ*,/ を使います。「×」や「÷」ではありません。

4.1.1 オートフィル

さてセル D3 やセル D4 にも同様に金額を求めたいとします。格納したい式はそれぞれ

セル D3 の式としては「=B3*C3」

セル D4 の式としては「=B4*C4」

です。これらの式をひとつひとつキーボードから入力してもいいのですが、さすがに行数が多くなると大変です。

こういうときに利用できるのが**オートフィル（auto-fill）**機能です。セル D2 を選択するとセルの右下に黒い小さな四角（オートフィルハンドル）が現れます。この四角をポイントするとポインタの形が十字型に変わるので、これを下方向にドラッグしてみましょう。そうするとセル D2 に格納されているデータがセル D3 やセル D4 に "コピー" されます。ただし単なるコピーではありません。表計算ソフトは、データに応じて様々な変形を施します。図 4.1.4 に様々なオートフィルの例を示します。コピー元のセルに値が格納されている場合には基本的には同じ値が格納されますが、Ctrl キーを押しながら同じ処理をすると連番にすることができます。最初に複数のセルを選択しておくとまた違う動きになります。いろいろ試してみましょう。

	A	B	C	D	E	F	G	H
1		そのまま		alt(mac)		そのまま		alt+cmd(mac)
2				ctrl(win)				ctrl(win)
3	コピー元のセル	1		1		1		1
4		1		2		3		3
5		1		3		5		1
6		1		4		7		3
7		1		5		9		1
8		1		6		11		3
9		1		7		13		1
10								

図 **4.1.4** オートフィルを利用した連続データの入力

コピー元のセルに格納されているのが式の場合には、その式がコピーされますが、このときにも**参照先のセルが変化する**変形が加えられます。さきほどのセル D2 を選択し、オートフィルハンドルを下にドラッグすると、図 4.1.5 のようになります。セル D3 の表示は「600」ですがセル D3 を選択してみると、格納されているのは「=B3*C3」であることが確認できます。つまりセル D2 に格納されている式から変化していることがわかります。これは式が入力されているセルと、その式が参照する先のセルの**相対的な位置関係が維持される**ように式が変形されているのです。

オートフィルは縦方向だけでなく横方向にも行うことができます。その場合、式中のセル名の行番号の方ではなく列番号の方が変化します。

D2		f_x	=B2*C2			
	A	B	C	D	E	F	G
1	部品名	税抜き単価	個数	金額（税抜き）	金額(税込)		
2	にんじん	100	4	400			
3	玉ねぎ	200	3	600			
4	じゃがいも	300	2				
5	牛肉	400	6				
6	カレー粉	500	4				
7							
8							

図 4.1.5　オートフィル後

4.1.2　相対参照と絶対参照

　次に、セル E3 に税込の価格を求めたいとします。税率をとりあえず 8％とすると税込の計算式は「=D3*1.08 」となりますが、あとから税率が変わっても対処できるように、税率の「8」を別のセル B10 に格納しておくことにしましょう。そうすると、セル E3 に格納する計算式は「=D3*(1+B10/100)」となります。

E2		f_x	=D2*(1+B10/100)			
	A	B	C	D	E	F	G
1	部品名	税抜き単価	個数	金額（税抜き）	金額(税込)		
2	にんじん	100	4	400	432		
3	玉ねぎ	200	3	600			
4	じゃがいも	300	2	600			
5	牛肉	400	6	2400			
6	カレー粉	500	4	2000			
7							
8							
9							
10	税率	8					
11							

図 4.1.6　相対参照のセル指定を使った式

　ところがこの式をオートフィルで下方向にコピーすると、図 4.1.7 に示すように計算がおかしくなります。セル E4 に格納される計算式は「=D4*(1+B11/100)」となってしまい、税率を格納しているセル B10 の参照がずれてしまっています。

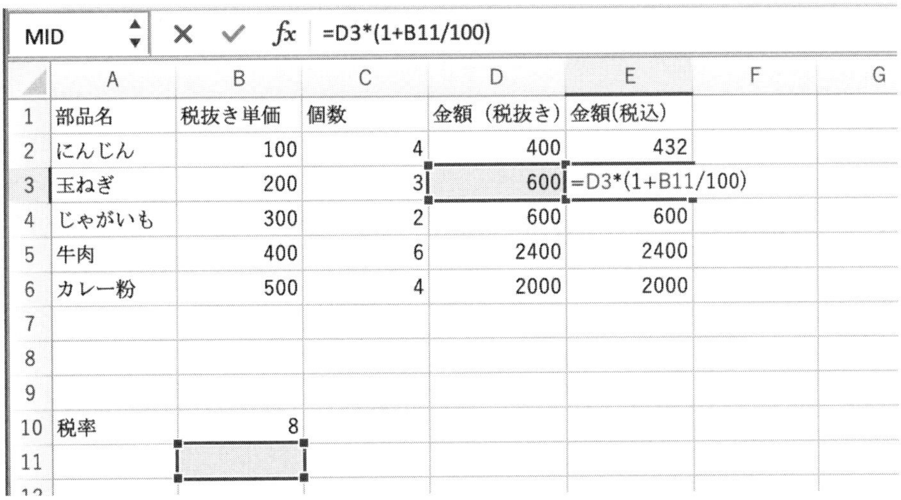

図 4.1.7 相対参照のセル指定を使った式で auto-fill すると参照位置がずれる

式のコピーの際にセル B10 への参照は変化して欲しくないわけです。このように式をオート
フィルする際にセルの参照先が変化しないようにするには、「B10」ではなく「$B$10」のように、列
名や行番号の前に$記号をつけます。つまりセル E3 に格納する計算式を「=D3*(1+$B$10/100)」
とします。

この式を先ほどと同じように下方向にオートフィルしてみると、セル E4 に格納される計算
式は「=D4*(1+$B$10/100)」となり、所望の結果になっていることがわかります。

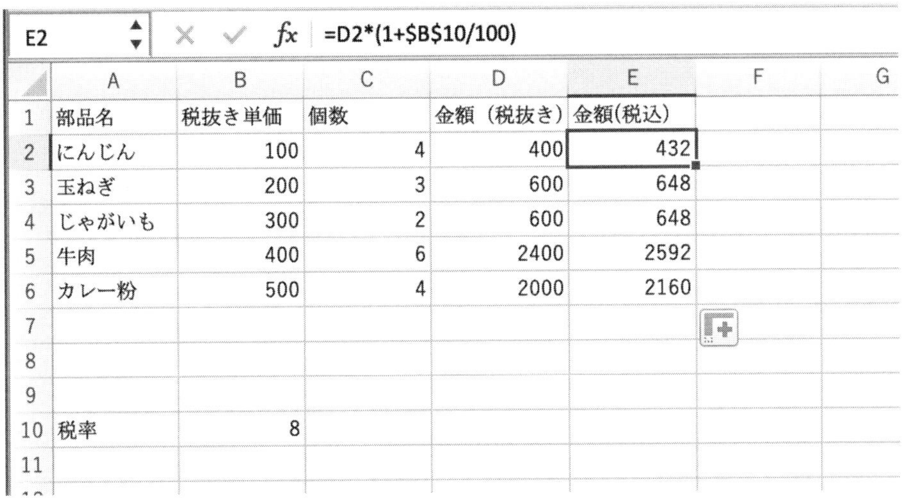

図 4.1.8 絶対参照のセル指定を使うと auto-flil でずれなくなる

このように、セルの参照先が変化しないように$をつけて指定する方法を**絶対参照**と呼び
ます。

　絶対参照の$記号は、列番号だけ あるいは行番号だけ につけることができます。例えば
図 4.1.9 のように掛け算の九九の表を作ることを考えて見ましょう。

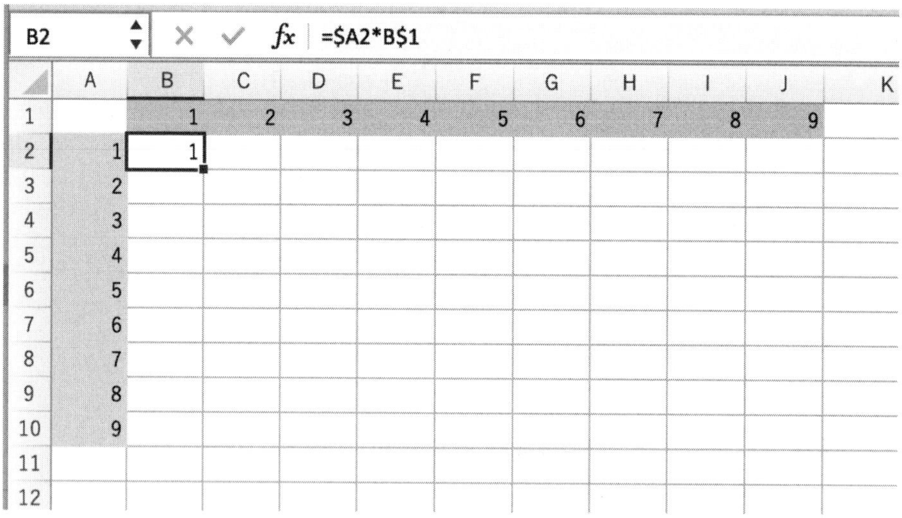

図 4.1.9　九九の表を作る

　セル B2 に格納されている式は「=$A2*B$1」で、参照先は色がついている部分になります。こ
の式を横方向にコピーすると列名である「A」や「B」の部分が変化しようとするのですが、$A2
のほうは$で固定されているため変化せず、結果として「=$A2*B$1」「=$A2*C$1」「=$A2*D$1」
のように変化することになります。

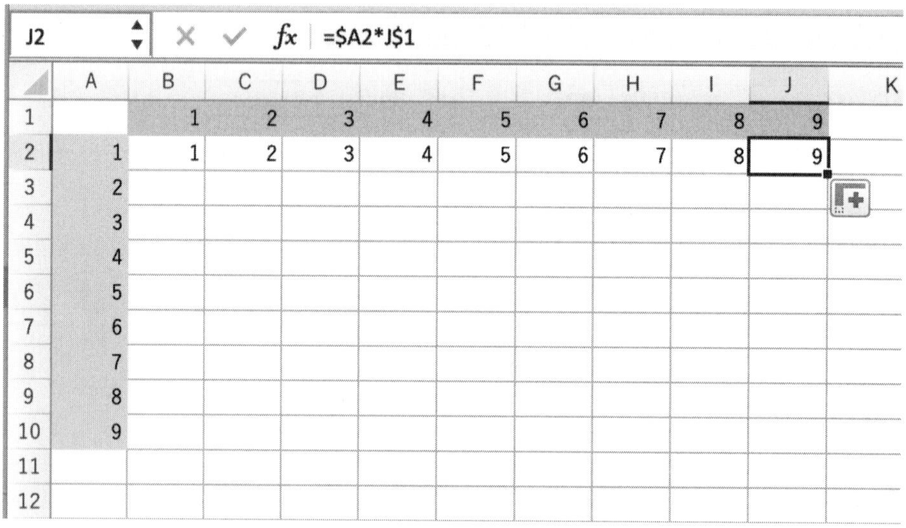

図 4.1.10　横方向のオートフィル後

一方、この式を縦方向にコピーすると行番号である「2」や「1」の部分が変化しようとしますが、B\$1 のほうは\$で固定されているため、「=\$A3*B\$1」「=\$A4*B\$1」「=\$A5*B\$1」のように変化することになります。

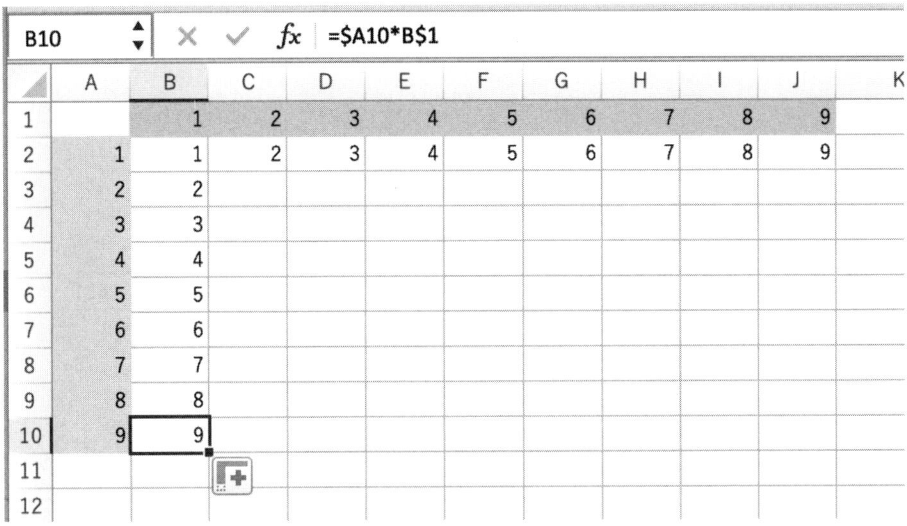

図 4.1.11 縦方向のオートフィル後

セル B2 の式を下まで伸ばし、それらの式をさらにまとめて右方向に伸ばすと、一気にすべての 81 マスを埋めることができます。

図 4.1.12 複数セルをまとめて横方向にオートフィル

チェック

九九の表を自分で作成してみましょう。

J10		✕ ✓	*fx*	=$A10*J$1						
	A	B	C	D	E	F	G	H	I	J	K
1		1	2	3	4	5	6	7	8	9	
2	1	1	2	3	4	5	6	7	8	9	
3	2	2	4	6	8	10	12	14	16	18	
4	3	3	6	9	12	15	18	21	24	27	
5	4	4	8	12	16	20	24	28	32	36	
6	5	5	10	15	20	25	30	35	40	45	
7	6	6	12	18	24	30	36	42	48	54	
8	7	7	14	21	28	35	42	49	56	63	
9	8	8	16	24	32	40	48	56	64	72	
10	9	9	18	27	36	45	54	63	72	81	
11											
12											

図 4.1.13 九九の表の完成

Excel の計算結果を電卓で検算？

「いままで電卓をいちいち叩いていた業務を Excel を使って効率化したら、Excel の計算結果を電卓で検算させられた」という話が時々ネットに載ります。大抵は「情弱な上司／会社」という話です。

Excel では普段表示されているのは計算結果の値だけで、格納されている計算式は見えていない、という特徴があります。そのため計算式が間違っていてもそのことに気付きにくい、という側面は否定できません。もしかすると検算を指示した上司は、結果を一目見ただけで計算式が間違っていることを看破したのかも知れません。

4.2 関数とセルの範囲指定

図 4.2.14 を見てください。ここでは、税込み金額の合計金額をセル E7 に求めたいとします。ここで、セル E7 に入力する式としては「=E2+E3+E4+E5+E6」としてもいいのですが、式も長く間違えやすいです。よくある計算はあらかじめ登録されている関数を使って、より簡単に表現することができます。ここではセル E2 からセル E6 までのセルの総和を求めたいので、SUM という関数が使えます。具体的な式としては「=SUM(E2:E6)」のように入力します。

MID	⬍	✕ ✓	_fx_	=SUM(E2:E6)		
◤	A	B	C	D	E	F
1	部品名	税抜き単価	個数	金額（税抜き）	金額(税込)	
2	にんじん	100	4	400	432	
3	玉ねぎ	200	3	600	648	
4	じゃがいも	300	2	600	648	
5	牛肉	400	6	2400	2592	
6	カレー粉	500	4	2000	2160	
7					=SUM(E2:E6)	
8						
9						
10	税率	8				
11						

図 4.2.14 SUM 関数

ここで「E2:E6」は複数セルからなる範囲を指定する記法です。実際にこのようにキーボードから入力してもいいですし、範囲が画面内で十分視認できる場合にはポインタでセル E2 からセル E6 までなぞって入力することもできます。

表計算ソフトには SUM のような関数がたくさんあります。全てを覚えようとする必要はありません。自分の目的にあった関数がないか、その都度検索しながら使っていけばいいでしょう。

本章では、書き方が少し分かりにくい「IF 関数」と「VLOOKUP 関数」だけを紹介しておきます。

4.2.1 IF 関数

IF 関数は、条件によって結果を変えたいときに使用する関数です。図 4.2.15 に示すように、IF 関数には 3 つのパラメータを渡します。このうち 2 つ目と 3 つ目は関数の結果として欲しいものを記載します。中学や高校の数学で習う関数とはちょっと性格が違います。

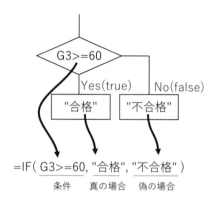

図 4.2.15　IF 関数の基本形

複数の場合分けを行いたいときには IF 関数を入れ子にして使います。例えば図 4.2.16 の例では、セル G3 にテストの結果（100 点満点）が入っているときに、

　　　80 点以上 100 点以下なら「A」、70 点以上 80 未満なら「B」、

　　　60 点以上 70 点未満なら「C」、60 点未満なら「D」

と表示する式を作っています。一見複雑ですが、no の場合のところに IF 関数が入れ子状に含まれている形であることがわかります。

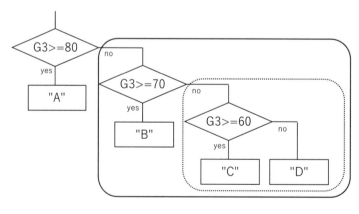

図 4.2.16　入れ子になった IF 関数で複数の場合分けにも対応できる

4.2.2　VLOOKUP 関数

VLOOKUP 関数は簡易的なデータベースとして使える関数です。

図 4.2.17 に使用例を示します。このシートでは利用者がセル B3 に ID 番号を入力すると、その ID の人のデータが元データのところから検索され、セル C3 からセル G3 のところに表示されます。

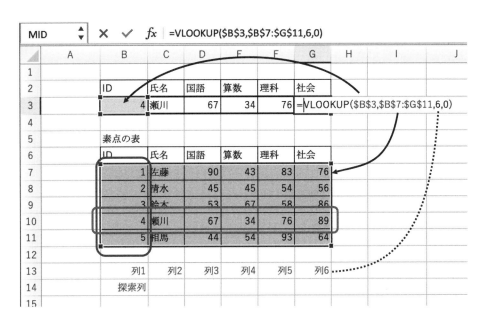

図 4.2.17　VLOOKUP の使用例

VLOOKUP 関数は以下のように 4 つのパラメータをとります。

> VLOOKUP（探したいデータ，探索と取り出すデータがある範囲、取り出したい列番号，0）

図 4.2.17 ではセル G3 の式が見える状態で示しています。今回は

- 「探したいデータ」はセル$B$3
- 「探索と取り出すデータがある範囲」は$B$7:$G$11 [1]

となります。

値の探索が行われるのは指定した範囲の左端の列すなわちセル$B$7 からセル$B$11 の範囲だけです。第 3 パラメータに取り出したい列番号を指定します。

- セル G3 では社会の点を取り出したいので、「取り出したい列番号」は 6

となります。第 4 パラメータは、探索データが見つからなかったときの振る舞いを決めるもので、ここでは正直に「見つからなかった」となるように「0」を指定しています。

---

[1] 元データはセル B6 からセル G11 の範囲に格納されていますが、6 行目はラベルなので実質的なデータはセル B7 からセル G11 の範囲です。

セル B3 からセル G3 には「取り出したい列番号」だけが異なる VLOOKUP の式を入力して
います。式のコピーを使えば入力が楽になりそうです。図 4.2.17 で第 1 パラメータや第 2 パ
ラメータが絶対参照形式になっているのは、式をコピーしたときに参照位置がずれないように
するためだったのです。なおオートフィルをしても「取り出したい列番号」は残念ながら自動
的に変化しませんので、式をコピーした後に手動で修正する必要があります。それでも全部の
式を手で入力するよりはずっと楽です。

4.3　グラフ描画機能

　表計算ソフトには、分析した結果を可視化するために、グラフを描画する機能があります。
数値のままでは気が付きにくい関係性を発見するのにも役立ちます。

　グラフには表 4.1 に示すように様々な種類があり、それぞれ適した用途があります。データ
の可視化については 13.1.3 節で詳しく述べますが、不適切なグラフを使うと何を言いたいのか
わからなくなります。例えば、都市の人口の比較をするときに、各都市を折れ線で結んだグラ
フでは何をしているのかわかりません。

　Excel で作成できるグラフは、適切に設定を行わないと縦軸や横軸の説明が入っていないな
ど、そのままではレポートや論文など科学的な報告に用いるのにふさわしいグラフになりませ
ん。また立体的なグラフなど見た目のインパクトを重視したものも用意されていますが、これ
らの立体グラフはデータの傾向について誤った印象を与えることが多く、推奨されません。

表 4.1　グラフの使い分け

グラフの種類	用途
棒グラフ	離散的な値の変化を示す、差を比較する
折れ線グラフ	（本来連続量である）値の推移を示す
100%積み上げ棒グラフ、円グラフ	割合を示す
散布図	散らばったデータの分布や相関を示す
レーダーチャート	複数の評価軸を比較する

4.4 表で管理する文書

　表計算ソフトは計算式を利用した自動再計算機能がいちばんの強みですが、表形式で管理する目的にも向いています。例えば図 4.4.18 は、インシデントの発生状況を表計算ソフトで管理している様子です。この文書は紙に印刷することは目的ではなく、1 行 1 インシデントという形でまとめることによってインシデントの発生状況を統計的に分析しやすいようにしています。表計算ソフトのシートをデータベースのように使っているといえます。

	A	B	C	D	E	F	G	H
1	管理番号	タイプ	内容	通報日時	発見者	深刻度	ステータス	完了日
2	1	マルウェア感染	123.45.67.89がTrojanZに感染	2019/10/11	外部指摘	A	完了	2019/10/12
3	2	マルウェア感染	123.45.45.32がTrojanBに感染	2019/10/13	対策ソフト	B	駆除中	
4	3	HP改ざん	http://www.example.com/hoge/sample.html にアダルトサイトへのリンク埋め込み	2019/11/2	外部指摘	C	連絡中	
5	4	マルウェア感染	123.45.45.89がTrojanZに感染	2019/11/4	対策ソフト	A	完了	2019/11/5
6	5	フィッシング	フィッシング詐欺メールのリンクをクリックしてしまい、IDとパスワードを入力した	2019/11/5	自己申告	A	完了	2019/11/5
7	6							

図 4.4.18 Excel を表形式の文書として使う

┌─ データベース ─────────────────────────────────────

　データベースはデータを整理して集積し、検索・活用を容易にするための仕組みです。顧客情報の管理、図書情報の管理、検索エンジンなど、大規模なデータを取り扱うシステムでは必ず使われていると言っていいでしょう。データベースの強みは、(1) 多数の同時アクセスに対して効率よく処理ができる点と (2) データ更新が重なってもデータの整合性を保つことができる点です。

　データベースには様々な種類がありますが、とりわけ歴史が長いのは「リレーショナルデータベース（Relational Database；RDB）」と呼ばれるもので、「2 次元の表形式で表現される」ことと「複数の表を連携させてデータを検索したり取り出すことができる」点が特徴です。

学生の履修情報の表

学生番号	氏　名	授業コード
B1311A	鈴木太郎	MS1209
A1209B	山田花子	KS4001
A1209B	山田花子	MS1209

開講科目の表

授業コード	授業名	担当教官	時期
KS4001	情報処理	新島直樹	通年
KS3333	ロシア文学	西木真理	通年
MS1209	材料力学	田中まりえ	前期
MA2003	統計入門	坂本雄二	前期

図 4.4.19 リレーショナルデータベースの例

└───

┌─ ワープロがわりの Excel？ ──────────────────────

　申請書のような文書を作る場合、海外では、記入欄が下線で示されているだけの通常の
文書であることが多いのですが、どういうわけか日本では全体が大小様々な欄に区切られ
た文書をつくる傾向があります。

　このような様々な大きさの枠がある文書は Word では非常に作りにくいため、Excel の
セルの枠線を駆使して作成する妙な文化が生まれてしまいました。記入欄がセル結合で 1
つのセルになっていればまだマシな方で、元の複数のセルのままになっていることもあり
ます。このような Excel の使い方は、紙に印刷することだけを考えた使い方です。

　ペーパーレス化として、こういったファイルで情報を管理しようとすると大変です。セ
ルがバラバラな記入欄には文字を簡単に入力することができませんし、また各欄に入力さ
れたデータを抽出したいと思っても簡単ではありません。電子ファイルであることによっ
て本来もたらされるはずの「編集しやすい」「再利用しやすい」といったメリットが活用
できないのです。こういったファイルによる業務の非効率化の問題を取り上げた "「ネ申
エクセル」問題" [13] は一読の価値があります。

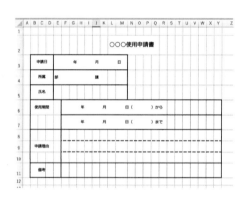

図 4.4.20　日本でよく見られる Excel で作成された申請書と外国の申請書

└──

4.5　演習問題

演習 1.　次の関数の使い方を調べ、試してみましょう。

MIN, MAX, SUM, COUNT

演習 2.　データに対してオートフィルの機能を試してみましょう。数値だけでなく、日付などでも使用できることがあります。

演習 3.　式に対してオートフィルの機能を試してみましょう。セルの参照位置が変化するのを確認してください。

演習 4.　CSV 形式で公開されているデータを表計算ソフトに取り込んでみましょう。うまく扱えないところはありませんでしたか。

演習 5.　Excel で整理しているデータを他のシステムに渡したい時があります。CSV 形式に変換して出力してみましょう。CSV に変換したとき、データの意味が理解できる形で出力されましたか？

演習 6.　様々な分野で、人が見てわかりやすく誤解を生じさせない「正しいグラフの書き方」が決められています。どのようなルールがあるか調べてみましょう。

第 5 章

情報収集・情報検索

　情報収集は、その情報源によって、既に他の人がまとめた資料（書籍・新聞・インターネットなど）から情報を得る場合と、自分で新しく材料を得る場合（取材・フィールドワーク・実験など）とがあります。以下ではインターネットから情報を収集する方法を紹介します。

5.1　検索方法

　インターネットを検索するときに使用する Web サイトのことを「**検索サイト**」と呼びます。もっとも有名な検索サイトは Google（グーグル）で、90％以上のシェアがあるといわれています。検索サイトで検索することを「ググる」ということも普通になってきました。

　検索するには、入力欄に検索キーワードを入力して enter キーを押すだけです。また、複数のキーワードを空白文字で区切って入力すると、すべてのキーワードを含むページを表示します。

> 生命 宇宙 答え

5.1.1　検索演算子

　Google に限らず多くの検索サイトでは、検索演算子というものを使うことで複雑な検索や条件付き検索を行うことができます。以下に代表的なものを示します。

AND 検索と OR 検索

　　「A and B」と入力すると A と B の両方を含む検索結果が表示されます。また「A or B」と入力することで「A を含むもの」と「B を含むもの」の両方の検索結果が表示されます。Google 検索では空白で区切った複数のキーワードを入力した場合には AND 検索が行われるので、明示的に「and」を書く場面は少ないかもしれません。

> マジック or 手品

空白を含むキーワードを探す

　　　検索欄に入力した空白文字は、通常、キーワードの区切りとして解釈されます。空白を
　　　含むキーワードで検索したい場合には、全体をダブルクォート（ " ）で括ります。

```
"steve jobs's iphone keynote"
```

特定のキーワードを含むページを除く

　　　キーワードの前に「-」をつけると、そのキーワードを含むものを検索結果から除外しま
　　　す。「-」は半角でなければなりません。

```
トランプ -大統領
```

結合順序の変更

　　　複数の条件を組み合わせるときに、グループ化の優先順位を制御します。

```
ロープ and ( マジック or 手品 )
```

検索サイトの仕組み

　　Google などの検索サイトではキーワードを入力すると一瞬で検索結果を表示します。
あの短時間にどうやって世界中の Web サイトから探し出しているのでしょう？

　　検索サイトは、**クローラ（Crawler）** と呼ばれる情報収集プログラムを動かしていま
す。クローラがやることは Web ページのリンクを片っ端からクリックして、その Web
ページの内容を収集することです。ここで収集した URL とページの内容から事前に索
引を構成しておきます。利用者が入力した検索キーワードで索引を調べ、対応する URL
を検索結果として出力しているのです。したがって Web ページを新しく作成しても、ク
ローラが収集するまでは検索結果に出てきません。逆に Web ページから何か情報を削除
しても、検索サイトの索引に残っている間は削除したはずの情報でも検索結果に出てきて
しまいます。

　　キーワードに対応する URL の表示順序はページランキングと呼ばれ、「より適切であ
る」と思われるページが上位に来るようになっています。ページランクは、基本的には次
のようなシンプルな着想から始まっています。

（ⅰ）　重要な Web ページは他の多くの Web ページからリンクされる。

（ⅱ）　重要な Web ページからリンクされたページは、価値が高い Web ページである。

しかし最近では、より上位に表示されるようにするための Web ページ作成者側の工作
（SOE 対策と呼ばれる）への対応や、ユーザ個別のパーソナライズなど、より複雑なラン
キングアルゴリズムとなっているようです。

5.1.2 高度な検索方法

キーワードをタイトルに含むページを探す（`intitle:`）

Web 検索は標準では、キーワードがページ中に含まれる Web ページを検索結果として表示しますが、キーワードの前に「intitle:」をつけると、指定したキーワードを「ページタイトル」に含むページのみを表示することができます。

```
intitle:人工知能
```

キーワードを URL に含むページを探す（`inurl:`）

URL 内に特定の単語を含む Web ページを検索できます。

```
inurl:camera 高速道路
```

検索範囲を特定の Web サイトに限定する（`site:`）

Web サイトのホスト名が指定した条件に合致する検索結果だけを表示します。特定の Web ホストを指定するだけでなく、複数ホストを含みうるドメイン名でも大丈夫です。また特定の Web ホストの中のディレクトリを含めた指定もできるので、複雑な階層の Web ページから情報を素早く見つけることができます。

```
人工知能 site:ac.jp
```

特定の形式のデータを探す（`filetype:`）

検索サイトは、Web ページだけでなく Web ページからリンクされている PDF ファイルや PPTX ファイルも検索結果として表示します。検索キーワードの前に「filetype:」をつけることで特定のファイル形式を指定することができます。ファイル形式として指定できるものには、「pdf」「doc」「ppt」「rtf」などがあります。

```
社外秘 filetype:pdf
```

5.1.3 Web 検索以外の機能

Google の検索サイトは Web 検索以外にも様々な機能を実装しています。

数式の計算

図 5.1.1 に示すように、検索欄に数式を入力すると通常の検索結果の前に計算結果が表示されます。

グラフ描画

検索欄に数学関数を入力するとグラフが描画されます。図 5.1.2 に示すように、複数の関数を「,」で区切って入力することで複数のグラフを同時に描画することもできます。

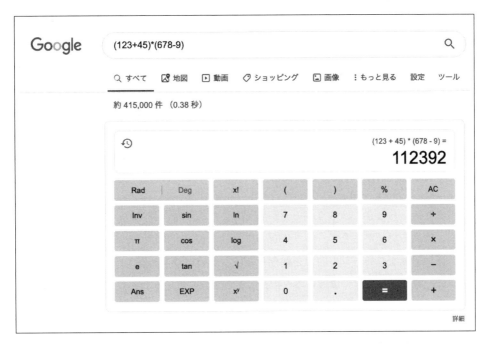

図 **5.1.1** 数式の計算

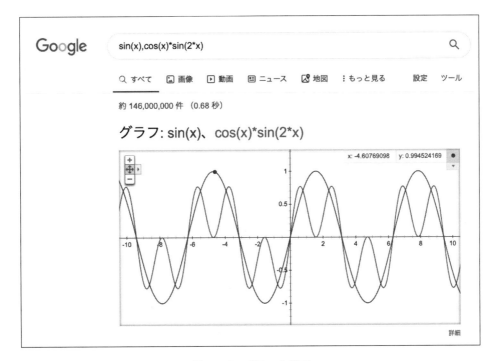

図 **5.1.2** グラフの描画

5.1.4　Web ページを記録する

　新しい Web サイトが次々と生成されており、また Web ページも日々更新されています。検索で見つかったページを後日また閲覧したいと思ったときに、どういうキーワードで探したのか思い出せない、あるいは同じキーワードで検索しても検索結果が変わっているということがあります。あとで何度もアクセスするかも知れない Web サイトは記録しておきましょう。

Web ページの URL を保存する
Web ブラウザのブックマーク（お気に入り）に登録する。あるいは Web ブラウザのアドレスバーにある URL を記録する。

　次回アクセスしたときにはもうページが消えていたり、内容が変わってしまっているかもしれません。検索で見つかったページを保存しておきたい場合には、そのページの URL を記録しておくだけではなくページの内容を保存したほうがいいでしょう。

　ページに記載された文章や画像のみを記録しておきたいときには、Copy&Paste などで簡単に記録できます。

Web ページ内の文章や画像を保存する
文章　記録したい文章の範囲を選択しコピーした後、Word などに貼り付ける。
画像　画像の上で右クリックして「画像をコピー」をクリックした後、Word などに貼り付ける。あるいは画像の上で右クリックして「名前を付けて画像を保存」をクリックし、保存先を指定する。

　Web ページを、文書と画像が混在したイメージのままで保存したい場合には、PDF 化として保存するのが簡単です。印刷機能を利用して、通常のプリンタの代わりに「Microsoft Print to PDF」を選択して保存します。

情報整理ツール

　情報整理に特化したソフトウェアも人気があります。フリーソフトの Evernote、Microsoft 社製の OneNote などが有名です。画像, テキスト, ファイルなどを融合したディジタルなノートが簡単に作成できます。こういったソフトを利用すると、Web ページの一部を文章や画像が混在した状態で記録することができます。キーワードを使ってノート全体から検索したり、相互リンクを活用して自分だけのまとめサイトを作ることも可能です。ソフトウェアによってはクラウドサーバ上にデータを保存・共有する機能もあり、どこからでも蓄積した情報にアクセスできます。また、連携するスマホアプリが提供されているので、隙間時間にスマートフォンを利用して情報収集に活用することができます。

5.2 Web 検索で注意すべきこと

5.2.1 Web 検索キーワードの選び方

　当たり前ですが、Web 検索ではキーワードの選び方によって検索結果が変わります。例えば「A は B であるか否か」を調べるときに、「A は B である」で検索すれば検索結果にはそういうものだけが表示され、逆に「A は B ではない」で検索すれば今度はそれを支持する結果だけが表示されます。一方の結果だけを見ていると、それが世の中の主流意見のように判断してしまいがちです。「人は自分の見たいものしか見ない」といわれます。複数の異なる視点からの検索結果が得られるよう、検索キーワードを変えながら何度も検索するようにしましょう。

5.2.2 同じキーワードでも検索結果が異なる

　Google が提供するサービスの中には、Gmail のように Google アカウントを作成して利用するものがあります。Google アカウントでサインインした状態で Google 検索を利用すると、アカウントに紐づいて検索精度が "向上" します。これは過去の検索履歴、Gmail でやりとりされるメールの内容、GPS 情報などが参照できる場合には検索をした時にいた場所、などを検索結果に反映するものです。例えば「ラーメン」で検索してみてください。いま自分がいる地域のラーメン屋さんが出ていませんか？これはパーソナライズ検索と呼ばれる機能が働いているためです。その結果、同じキーワードで検索しても人によって表示される検索結果やその順番が異なる、ということが生じます。

5.2.3 表層 Web と深層 Web

　なんでも検索サイトで調べる癖がついてしまうと、「検索サイトで見つからない」＝「インターネット上にその情報はない」と思い込みがちです。しかし検索結果として表示されるのは、クローラがアクセスできる Web ページだけです。クローラは、組織外からのアクセスが禁止されている Web サイトにはアクセスできませんし、ログインしないとアクセスできない Web ページにもアクセスできません。また Web ブラウザでは普通にアクセスできる Web ページであっても、クローラによる収集を拒否しているところもあります。つまり Web 検索の検索結果として現れるのは、インターネット上にある Web サイトのうちごくごく一部に過ぎないことがわかります。

　検索結果として見ることができる Web ページを「**表層 Web**」、それ以外の Web サイトを「**深層 Web**（Deep Web）」と呼びます。なお深層 Web の中には、マルウェアをばら撒いている危険なサイトなどもあります。これらの Web サイトは **Dark Web** と呼ばれており、特殊なソフトを使わないとアクセスができません。興味本位で近づかないようにしましょう。

5.3　検索サイト以外の情報

インターネット上で調べ物をする方法として、Google のような検索サイト以外にも様々なものがあります。大抵は特定の目的に特化して情報をまとめたサイトになっていますが、中には辞書, メール, ニュース, ショッピング, 翻訳, 地図, 路線検索, 地図など、多種多様なサービスへの窓口を備えた「ポータルサイト」として発展しているものもあります。

5.3.1　オンライン辞書・百科事典

あるジャンルについて情報を整理・分類している Web サイトを**オンライン辞書**などと呼びます。例えば類語辞典や語源辞典などを利用することで、普段何気なく使っている言葉の意味、語源などを調べることで、微妙なニュアンスの違いなど言葉に対する感性を磨くことができます。

書籍の中身をほぼそのまま公開したものの他に、一般の人も編集できる Wikipedia のようなオープンコンテントの百科事典もあります。オープンコンテントの場合には、オープンコンテントゆえの利点と欠点があります。内容が必ずしも正しいとは限らないので、必ず裏付け調査をしましょう。

□ 直近の出来事や人物等についても記述がある。

□ 出版されている辞典とは違った視点、詳しい内容が記述されている。

□ 誰でも書き込みや編集が可能である。

■ 最新の出来事については、利害関係や係争事項があることも多い。

■ 重要視されていない項目についてのチェックが不十分。

■ 関係者自身が、自分が関与した事柄について記述・編集を行うと、客観性が失われている。

百科事典 — Wikipedia

URL https://www.wikipedia.org/

Wikipedia（ウィキペディア）はオープンコンテントの百科事典です。2019 年 11 月現在、日本語版には約 118 万本の記事があります。基本方針に賛同するなら誰でも記事を作成・編集できます。

Wikipedia では、複数の人が内容をチェックすることにより、次第に内容が充実し正確になっていくことを期待しています。つまり皆さんは書いてある内容を鵜呑みにして参照するのではなく、チェックしながら利用することが求められています。

項目によっては見解が大きく分かれるものもあり、書き換え合戦が起きていることがあります。また、現在進行形の事件の項目の場合、不確定な内容が書き込まれていることもあります。必ずしも内容が客観的であるとは限らないことに注意が必要です。

─ 統合型オンライン百科事典─Weblio ─

URL https://www.weblio.jp/

　登録してある専門辞書や国語辞典、百科事典を横断的に検索できる統合辞書サイトです。複数の辞書を一度に検索できるため、多くの情報が手に入ります。2019 年 11 月現在、563 の辞書が登録されています。

図 5.3.3　Weblio

5.3.2 出版物や論文の検索

出版物には紙媒体のものと電子書籍とがあります。紙媒体の出版物については、図書館の検索システムを利用することで、タイトルや著者、出版社等から検索することが可能です。

国会図書館 NDL Search

国立国会図書館（National Diet Library ; NDL）には、日本で出版されたほぼすべての著作物のリストがあります。似た名前の書籍がたくさんある場合には、ISBN や ISSN などの識別番号で確認しましょう。

電子ジャーナル

学術の世界では、オンラインで閲覧できる電子ジャーナルという形態の雑誌が普及しています。特にインターネット上で参照できるドキュメントに対しては、DOI（Digital Object Identifier, ディジタルオブジェクト識別子）と呼ばれる番号で参照することができます。

また、Google も学術論文検索専用の Google Scholar（グーグル・スカラー）と呼ばれる検索サイト（`https://scholar.google.com/`）を用意しています。ここで例えば「ラーメン」というキーワードで検索すると、建築工学分野の「ラーメン構造」関係の検索結果がずらっと出てきます。Google Scholar で表示されるのは、あくまでもクローラが見つけることができる情報に限られます。実際の論文を取得するためには、学会への会員登録や論文購入費用の支払いが必要です。

ISBN と ISSN

ISBN と ISSN は出版物に付けられる国際的な標準コードで、これを用いて世界中の出版物から資料を特定できます。ISBN は図書に、ISSN は主に雑誌に割り当てられます。ISBN と ISSN においては電子媒体も対象とされています。

- ISBN（International Standard Book Number, 国際標準図書番号）
  図書や単行刊行物のほとんどにこの ISBN がつけられています。ISBN は「出版国（もしくは地域・言語圏）」、「出版社」、「その出版物固有の番号」を示す番号から成っています。旧 ISBN は 10 桁でしたが、一部の地域で割り当て可能なコードの枯渇が目前となったため、現在では 13 桁になっています。
- ISSN（International Standard Serial Number, 国際標準逐次刊行物番号）
  逐次刊行物（新聞、定期刊行物、学会誌など）を識別するためにつけられる 8 桁の番号です。日本では国立国会図書館において ISSN 日本センターが ISSN を付与しています。ただ、日本では逐次刊行物の流通には「雑誌コード」が用いられるのが一般的で、ISSN の付与は任意であるため、ISSN が付いている刊行物は多くはありません。学術雑誌のほとんどには ISSN が付与されています。

5.4 演習問題

演習 1. 自分と誕生日が同じ有名人を調べてみましょう。

演習 2. 「小学校におけるプログラミング教育」についての資料を検索する場合、どのような検索キーワードが考えられるでしょうか。

演習 3. 今年の「情報セキュリティ 10 大脅威」について調べてみましょう。

演習 4. 検索キーワードとして「AND」を使いたい時にはどうしたらいいでしょうか。

演習 5. 自然エネルギーを利用した発電方式にはどのようなものがあるでしょうか。

演習 6. 原子力発電所のデメリットを調べてみましょう。次に原子力発電所のメリットを調べてみましょう。

演習 7. Web サイト検索では、ページを書いている人の表記揺れによって検索結果の件数が変わることがあります。以下のものはどちらが検索結果が多いでしょうか。検索結果が多い方が「正しい」といえるでしょうか。

- 「シミュレーション」と「シュミレーション」
- 「デジタル」と「ディジタル」
- 「コンピュータ」と「コンピューター」

演習 8. Web 検索結果の上位になるよう Web ページ側に細工を行う、SEO（Search Engine Optimization）対策と呼ばれるテクニックがあります。どのようなものか調べてみましょう。

第 6 章

情報セキュリティの基礎

6.1　情報セキュリティの 3 要素

　セキュリティ（Security）という言葉は日常的にもよく使われるようになってきました。日本語にすると「安全である」ことを意味します。「情報の安全」とはどういうことなのでしょう。情報セキュリティには大きく以下の 3 つの要素（観点）があるとされています。

表 **6.1**　情報セキュリティの **3** 要素

要素	説明
完全性 (Integrity)	情報が正しいこと
可用性 (Availability)	使う権限がある人が使いたい時に使えること
機密性 (Confidentiality)	その情報を知ってはいけない者は、その情報にアクセスできないこと

　情報セキュリティを脅かすものを「脅威」と呼びます。脅威には人的なもの（故意、操作ミス、設定ミス）だけでなく、自然災害など様々な要因があります。悪意を持ってシステムに侵入するものばかりではありません。

　情報セキュリティの 3 要素について、アドレス帳を例に考えてみましょう。

　完全性とは、アドレス帳に載っている氏名、住所、電話番号、メールアドレスなどが正しいということです。完全性に対する脅威にはどのようなものがあるでしょう？故意に間違った内容に書き換えた場合には完全性が失われます。友人がメールアドレスを変更したときに、その変更が反映されていなければ、やはり完全性が損なわれます。一度正しかった情報であっても、その後の状況の変化により正しくなくなることがあるのです。完全性を保つためには、変更があった時にそれを検知しすぐ反映させることが必要ですが、これは現実にはとても難しいことです。

　可用性とは、アドレス帳を使いたい時にすぐアクセスできるということです。例えば自宅の鍵のかかる引き出しの中に（紙の）アドレス帳を入れていたら、外出先ですぐにアクセスできません。これは可用性が低い状態です。スマートフォン内のアドレス帳は外出先でも参照できます。でもバッテリがなくなったらアクセスできません。さらに可用性を高めるためには充電済みのモバイルバッテリも持ち歩く必要があります。

　機密性は、アドレス帳にアクセスさせてはいけない人に見られないようにする、ということです。ここでは書いた本人以外のアクセスを不可と仮定しましょう。どのような脅威が考えられますか？親が覗き見る、落とした時に拾ってくれた人が見てしまう、自分がアドレス帳を見ている時に後ろから覗き込まれる、というのもあるかもしれません。他人にアクセスさせないようにするためには、安全な場所に保管する、鍵をかける、暗号化する、などといった方法が考えられます。

　情報セキュリティが難しいのは、セキュリティの3要素すべてを同時に満たすことができない、という点にあります。一般に、機密性を高めようとすると可用性が下がります。個々の情報についてどの観点が重視されるのかを考え、それに合わせて取り扱い方法が変わることになります。

6.2　サイバー犯罪の分類

　サイバー犯罪という言葉からは、非常に高度な技術をもった人間がインターネット越しに情報システムに侵入して行う犯罪行為というイメージを受けるかもしれません。しかしそればかりではありません。

　1997年6月に開催されたデンヴァー・サミットでは、「コンピュータ技術及び電気通信技術を悪用した犯罪」（**ハイテク犯罪**）という言葉が使われました。日本では「刑法に規定されている電子計算機損壊等業務妨害罪をはじめとしたコンピュータ若しくは電磁的記録を対象とした犯罪、又はそれ以外のコンピュータ・ネットワークをその手段とした犯罪」とされており、コンピュータ犯罪とネットワーク犯罪を包括したものです。

　警察庁ではサイバー犯罪を大きく以下の3つに分類しています。

- コンピュータ、電磁的記録を対象とした犯罪
- ネットワークを利用した犯罪
- 不正アクセス禁止法[1]違反

---

[1] 正しくは「不正アクセス行為の禁止等に関する法律」です。

我々は日常的に情報システムやネットワークを利用しています。サイバー犯罪はすぐ身近で起こりうる問題なのです。ひとつひとつ具体的に見ていきましょう。

コンピュータ、電磁的記録を対象とした犯罪

例えば以下のようなものが該当します。これらのうち、多くのものはネットワークを介して行われることがあります。

- 金融機関や役所などでオンライン端末を不正に操作する
- Web ページを改ざんする
- 会社の業務情報を消去する
- 大量の電子メールを送りつけてメールサーバをダウンさせる

ネットワークを利用した犯罪

犯罪自体は恐喝や詐欺といった従来からあるものですが、通信手段や舞台としてネットワークを利用している、というものです。例えば以下のようなものが該当します。

- 特定個人の誹謗中傷記事を Web ページや掲示板に掲載する
- 電子メールで脅迫や恐喝を行う
- Web ページ上でわいせつな画像やチャイルドポルノを公開する
- 掲示板で覚せい剤や薬物の売買を行う
- 通販やオークションサイトで何も送らない／偽物を送る

不正アクセス禁止法違反

「不正アクセス」とは、利用資格のないユーザがネットワークを通してコンピュータに侵入する行為です。不正アクセス禁止法では、以下のようなことが犯罪行為として禁止されています。

- 不正アクセス行為の禁止（第三条）
    - （a）他人の ID やパスワードなどを入力することにより、他人のコンピュータに侵入する行為
    - （b）特殊な情報を入力することで、アクセス制御機能を回避する行為
- 不正アクセス行為を助長する行為の禁止（第四条）
    - （c）他人の ID やパスワードを第三者に伝える行為

6.3 身近にある脅威

ここでは皆さんの日常的に遭遇するであろう脅威をいくつか紹介します。

6.3.1 マルウェア感染

コンピュータウィルスやスパイウェアなどの、悪事を働くソフトウェアのことを総称して**マルウェア**（malicious software）と呼びます。感染手法や動作原理などに応じて「ウィルス」や「ワーム」のように呼び分けていた時代もありますが、バリエーションが非常に多くなってきたこと、また複合的な形態のものも多くなってきたことから、単にマルウェアと呼ぶことが増えています。

皆さんのパソコンに侵入するために、マルウェアは様々な作戦で皆さんを騙そうとします。主な経路を図 6.3.1 に示します。

電子メールの添付ファイル

単体で活動できるマルウェアが添付されている場合と、マルウェアに感染した文書ファイルが添付されている場合とがあります。送り主が知らない人である場合に警戒するのはもちろんですが、知っている人からのメールでも油断はできません。図 6.3.2 に示すように、アドレス帳を利用して感染拡大を狙うマルウェアもあるからです。

Web サイトからのダウンロード

Web サイト上に公開されているソフトウェアがマルウェアに感染していることがあります。プログラムをインターネットからダウンロードする際には、検索結果で表示されたサイトを盲目的にクリックするのではなく、公式サイトからダウンロードするようにしましょう。スマートフォンアプリも同様の注意が必要です。

USB メモリ経由

マルウェアに感染したパソコンに USB メモリを挿すと、USB メモリ内のファイルがマルウェアに感染します。別のパソコンでその USB メモリ内の感染ファイルを開くと、マルウェアがそのパソコンに感染します。このように USB メモリはネットワークに接続していないパソコンへの感染経路となる危険性があります。「マルウェアに絶対感染しないように」とネットから隔離していたパソコンが実はマルウェアをばら撒く拠点になっていた事例が報告されています。

古典的なマルウェアは画面にいたずらをするなど愉快犯的なものが多かったのですが、現在のものは個人情報の収集、パスワードの盗み見、金銭目的など、明確な意図を持って作成されることが多くなっています。最近のマルウェアの多くは**ボットウィルス**と呼ばれるタイプです。ボットウィルスに感染したパソコンは外部から遠隔操作することができ、他所のコンピュータへの攻撃の拠点にされてしまいます。

マルウェアは、目的遂行のため、なるべく気づかれないように潜伏して活動します。ウィルス対策ソフトを使わなければ感染していることに気づくことは難しいでしょう。

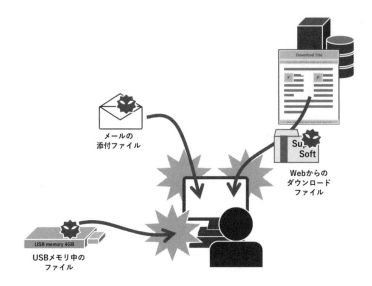

図 **6.3.1**　マルウェアの感染経路

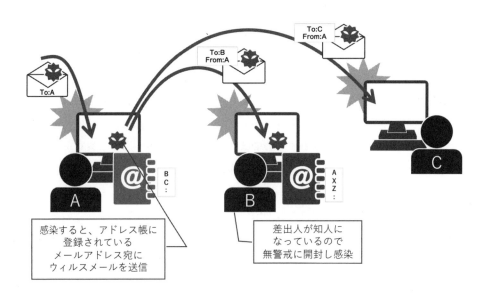

図 **6.3.2**　アドレス帳を使って感染を広げるマルウェア

6.3.2　フィッシングメール

フィッシング（Phishing[2]）とは、電子メールなどにより巧妙に Web サイトに誘導し、利用者からパスワードやクレジットカード番号などの機密情報を盗みとる犯罪です。

フィッシングの流れを図 6.3.3 に示します。まず実在の企業からのメールにしか見えないように偽装された電子メールで、本物そっくりのニセの Web サイトに誘導します。典型的なフィッシングメールの文面の以下のようなものです。

- アカウントを一時停止したので、再開のために情報を更新してください
- メールボックスが溢れているので、ログインして削除してください
- カード情報が漏洩したので、利用者情報を更新してください

時事ネタを盛り込んでくることも多いです。本書の執筆時点では、オリンピックやキャッシュレス決済の内容を取り込んだフィッシングメールが見つかっています。

ニセのページでは、メールの内容に沿う形で、ユーザ情報、パスワードやクレジットカード番号などを入力させます。これらの機密情報を手に入れた犯人は、あなたになりすますことができます。複数の情報サービスで同じパスワードを使い回している場合には、他の情報サービスも乗っ取られます。最終的には、他の攻撃の足がかりにしたり、金銭をだまし取ったりすることが多いようです。

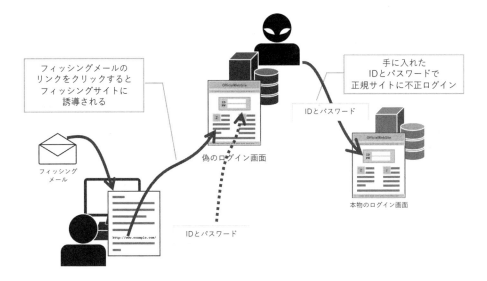

図 **6.3.3**　フィッシング詐欺メール

---

[2] 釣りを意味する「fishing」に引っ掛けた造語です。やり方が洗練されている（sophisticated）ということから「phishing」と綴るようになったという説がまことしやかにいわれていますが、たぶんこれはガセです。

メールの代わりに SMS（ショートメッセージ）を使用したものもあります。SMS は相手の電話番号がわかれば送りつけることができるので、メールよりも簡単です。宅配業者などの不在連絡を装ったものなどが知られています。メッセージの文面は、

> お客様宛にお荷物のお届けにあがりましたが不在の為持ち帰りました。下記より
> ご確認ください。（外部サイトへのリンク）

だけで、有益な情報は何も記載されていません。「なんか頼んでたっけかな？」とメッセージ中のリンクをクリックしてしまうと、フィッシングサイトに飛ばされ、認証情報を入力するよう求められます。宅配業者が SMS を利用して連絡することはありません。騙されないようにしましょう。

6.3.3　セクストーション詐欺

セクストーション（sextortion）とは、性的なプライベート写真をネタに金銭などを要求する脅迫行為をいいます。セクストーション詐欺はこれとは少し違います。ある日突然、次のような内容のメール（実際はもっと丁寧な文章です）が、なんと自分から届きます。

> あなたのパソコンにスパイウェアを感染させた。アダルトサイトを閲覧している
> ときの様子をパソコンのカメラで録画した。アドレス帳の情報も手に入れた。あ
> なたの友人たちに動画をバラ撒かれたくなければ、50時間以内に指定した口座に
> ビットコインで金を払え。そうすれば動画は消してやる。

差出人が、自分のメールアドレスになっていることから、もしかしたら本当にパソコンに侵入されたのかもしれない、と頭の中が真っ白になる人もいるかもしれません。しかしメールの差出人偽装は比較的簡単です。スパイウェアに感染した証拠、録画した証拠、アドレス帳を盗んだ証拠が何も提示されていないことに気がつきましたか？実は、これは「差出人のメールアドレスを偽装してメールを送りつけただけ」なのです。つまり実際にはネタは何もないのに、メール 1 通でお金を巻き上げようとしているのです。

ところで、犯人は、自分のメールアドレスをどこから入手したのでしょう？これは他のシステムからの情報漏洩であることが多いようです。

　同種のものとしてはワンクリック詐欺や架空請求詐欺があります。

　ワンクリック詐欺は、Web サイトを見ていると突然

　　会員登録完了。あなたの IP アドレス XX.XX.XX.XX は記録されました。
　　○月○日までに料金を支払ってください。

といった表示が出るものです。これへの対処は無視することです。Web ブラウザを閉じるだけで問題ありません。こちらの個人情報（IP アドレス）を入手しているかのような文面になっていますが、IP アドレスはもともとインターネットでは相手に必ず伝わる情報なので、いわば知られていて当然の情報です。

　架空請求詐欺は、実際にハガキが自宅に届くものです。

　　有料アダルトサイトの支払いが滞っている。
　　○月○日までに口座にお金を振り込まないと裁判に訴える。

といった文面が多いようです。基本的にはこれも無視して放置しておくのが正しい対処法です。なおハガキが届いたことから、「自分の住所や氏名はどこで相手に知られたんだろう？」と不思議に思うかもしれませんが、実はどこかのアンケートなどで記入したものが出回っているのです。

　なお、架空請求詐欺の手口も多様化していて、無視して放置するのがまずいケースが稀にあります。裁判所（を名乗るところ）から「支払督促」や「少額訴訟の呼出状」が届くことがあります。大抵はニセの郵便物なのですが、本物の場合には放置すると相手の訴えを認めたことになり、支払い義務が生じてしまいます。郵便物に書いてある連絡先が、Web で調べた裁判所の連絡先と同じかどうか確かめて、もし一致していたら「どういうことなのか」を裁判所に聞いてみましょう。どうしても心配なら、恥ずかしがらずに大学の相談窓口に相談しましょう。

6.4 セキュリティを高めよう

　玄関のドアを開けっ放しにして、外から見えるところに現金を置いたまま外出したら、空き巣に入られたとしましょう。「泥棒が悪い」のは当然ですが、しかし、そのような状況では盗まれる危険が高いことは十分に認識できるはずなので、自業自得といわれても仕方ありません。被害を少しでも軽減するために、セキュリティを高めておきましょう。

6.4.1 大学の中の相談窓口を確認する

　まず確認しておくべきことは、相談窓口の場所です。110番や交番と同様、いざという時にどこに連絡すればいいか知っておくことは重要です。

　大学の中には、パソコンの使い方や学内ネットワークへの接続方法などの相談に乗ってくれる窓口が用意されているはずです。パソコンの使い方や簡単なトラブルなら、友達と相談したり、同様の症状をインターネットで検索したりすれば比較的簡単に解決することがありますが、もし「何かサイバー犯罪に巻き込まれたかも？」と思ったら、相談窓口に相談しましょう。自分一人で対処しようとして、かえって事態を悪化させてしまうケースもあります。

> ─ チェック！ ─
>
> あなたの大学での、緊急対応受付がどこにあるのか調べましょう。受付窓口の物理的な場所、メールアドレス、電話番号などを確認しておきましょう。

6.4.2 データの消失対策

　皆さんがパソコンを日常生活や学修で活用していく時に、突然パソコンが動かなくなる、データが読み出せなくなる、といったトラブルが稀に発生します。原因としては、例えば以下のようなものがあります。

- 飲み物を飲みながら作業をしていたらキーボードにこぼした
- 近くで落雷が発生し電源経由で異常な電流が流れ込んだ
- マルウェアに感染してファイルが破壊された
- USB メモリに書き込んでいる最中に、誤って USB メモリを引き抜いてしまった

　万一の事故に備えて、時々データのバックアップをとっておきましょう。USB メモリ、ポータブルハードディスク、クラウド上のストレージサービスなどが利用できます。コスト、容量、転送速度などがそれぞれ異なりますので、目的別に使い分けると良いでしょう。なおクラウドストレージを利用する時にはストレージ側の規約にも注意しましょう。規約違反のファイルをアップロードしたら削除された、という事例も報告されています。

6.4.3　メールの添付ファイルやリンクに気をつけよう

　どこでメールアドレスを手に入れたのか、見知らぬところからメールが送られてくることがあります。稀に有用な情報が手に入ることもありますが、大抵は無用な広告メールです。中にはマルウェアが添付されたメールやフィッシングメールなどもあります。マルウェアが添付されたメールは、ウィルス対策ソフトウェアがインストールされていれば大抵のものは除去されます。受信者が目視で判別するのは困難です。

　迷惑メールの中には、Web サイトへのリンクが含まれているものも多くあります。単なる通販サイトならいいのですが、マルウェアに感染させるサイトだったり、フィッシングサイトだったりすることもあります。心当たりのないメールは、どんなに興味をそそられる内容でもリンクをクリックしたり、返信したりせず、削除するようにしましょう。

　なお、広告メールや迷惑メールの中には、「配送を止めて欲しい場合にはこちらで手続きができます」としてリンクやメールアドレスが記載されていることがあります。きちんとした広告メールであることが明らかな場合はいいのですが、自信がなければ連絡してはいけません。配当停止メールを送ることは「このメールアドレスは人が読んでいる有効なアドレスである」という情報を相手に伝えてしまうことになり、さらに多くの迷惑メールが送られてくることがあるからです。

6.4.4　マルウェア対策

　マルウェアは気づかれないように感染し活動します。利用者の注意力だけで感染を防止したり検知したりすることはまず不可能なので、ウィルス対策ソフトウェアのインストールは必須です。多くのウィルス対策ソフトは、それまでに発見された「既知のマルウェア」の手がかりを**パターンファイル**として持っており、そのパターンにマッチするものを検知します。そのためパターンファイルを常に最新に保つことが重要です。

　また、マルウェアは感染のために様々なプログラムの欠陥を突いてきます。マルウェアによく狙われるのは、常に動作している OS と、インターネットに接続している時にほぼ間違いなく動いている Web ブラウザです。OS や Web ブラウザには自動更新機能がありますので、必ず有効にして、最新の状態になっているか時々チェックしましょう。

チェック！
- OS を最新の状態に保つ
- ウィルス対策ソフトウェアをインストールし、パターンファイルを最新に保つ
- Web ブラウザは常に最新版を使用する（自動更新機能を有効化しておく）

6.4.5 他所でネットワークを利用する時には気を付ける

大きな商業施設やコンビニ、ホテルなどでは、無料で利用できる無線ネットワークが提供されていることがあります。セキュリティを確保するためにアクセスポイントのパスワードが設定されているのが普通ですが、パスワードなしで接続を許す公衆無線 LAN もあります。パスワードなしのアクセスポイントは、たしかにそのエリアで提供されているサービスかどうか確認して接続するようにしましょう。

また、インターネットカフェやホテルなどに設置してあるパソコンは、適切に管理されていないところもあります。例えば、キーボードの入力をすべて盗み取る**キーロガー**という装置が取り付けられているのが発見されたケースがあります。そのようなパソコンを使う時には、検索目的の利用程度にとどめ、大学の情報システムや旅行予約サイトのような、ログインが必要な Web サービスにはアクセスしないようにしましょう。

6.4.6 クリティカルシンキングを身につけよう

クリティカルシンキング（critical thinking）とは、物事や情報を客観的・批判的に解釈する思考方法です。クリティカルシンキングを身につけることにより、自分が置かれた状況を正しく判断し、脅威を避ける行動につなげることができます。

例えば、広告メールの中には非常に魅力的なものがあります。次のようなものはどうですか？

- 初期投資 5000 円が 3 ヶ月で 1000 万円に！（儲け話系）
- 簡単な仕事で大金をゲットしませんか！（儲け話系）
- 通常価格 AAA 円のところなんと今だけ BB 円！（通販系）
- これを飲めばすぐに痩せられます！（美容／ダイエット系）
- あなたもすぐ恋人ができます！（出会い系）

広告メールや Web サイト広告がとっても魅力的に見えたら、一呼吸おいて「ここに書いてあることは本当かな？」と考えてみましょう。

- なぜこんなにうまい話が自分に持ちかけられているのだろう？
- こんなに素晴らしい製品ならば、なぜもっと世の中に認知されていないのだろう？
- なぜこんなに安くできるのだろう？本当に送られてくるのか？類似品ではないか？
- 提示された情報が信用できるかどうか、別経路で確認できるだろうか？

6.5 演習問題

演習 1. 大学の Web サイトを例に、完全性、可用性、機密性がどうなっているか考えてみ
ましょう。

演習 2. 以下の事例が警察庁の分類のどの区分に当てはまるか考えてみましょう。
- ウィルスに感染したファイルを送りつけて、パソコンを正常に使用できない状
態にした
- 電子掲示板を利用し、覚せい剤の等の違法な物品を販売した
- インターネット上のサービスで他人のパスワードを使用し、その者になりすま
して虚偽広告を掲示し、販売代金を騙し取った
- インターネットに接続されたサーバにわいせつな映像を置き、これを不特定多
数に対して閲覧させた
- インターネットを通じて各国の国防、治安等をはじめとする各種分野のコン
ピュータに侵入し、データを破壊、改ざんするなどの手段で機能不全に陥れた

演習 3. 小中学生にスマートフォンを持たせることの是非についてセキュリティの面から検
討してみましょう。脅威は減少するでしょうか。それとも増してしまうでしょうか。

演習 4. 最近発生しているサイバー犯罪にどのようなものがあるか調査しましょう。その調
査結果のうち 10 件程度を取り上げ、警察庁の分類のどの区分に当てはまるか考え
てみましょう。

演習 5. スマートフォンには様々な情報、アプリが入っています。スマートフォンにロック
をかけていない場合、置き忘れたり盗まれたりしたときにどのような被害が考えら
れるでしょうか。

演習 6. スマートフォンのアプリでも時々マルウェアが見つかっています。これまでにどの
ようなマルウェアが見つかっているのか調査してみましょう。また、利用者に広
くインストールしてもらうためにそれらのマルウェアが使った手口を調べてみま
しょう。

演習 7. 情報セキュリティを脅かす人的要因として、操作ミスや設定ミスがあります。これ
らを減少させるにはどのような手法が有効か考えてみましょう。

第 7 章

ユーザ認証の安全性

7.1 ユーザ認証とは

7.1.1 識別

　情報システムやサービスの中にはすべての人に同じサービスをするのではなく、サービスを受けるための条件があったり、一人一人サービス内容が異なったりするものが多くあります。

　一人一人でサービス内容を変えるには個人を**識別**する必要があります。一般社会では、個人を識別するために通常用いられるのは「名前」なので、私たちは相手に「名乗る」ことによって自分固有のサービスを受けます。

　複数のユーザが使用する情報システムやサービスでは「名前」を識別に使うことができません。同姓同名の問題があるからです。そこで重複しないように人為的に割り当てた「ユーザID」を使います。あるシステムにユーザ ID が登録されているとき、「そのシステムにアカウントがある」などと表現します。

7.1.2 認証

　サービスの内容が個人の利害に強く結びついている場合には、「名乗った人物」と「名乗った内容」との対応が正しいかどうか判断しなければなりません。誰でも他人の名前を「名乗る」ことができるので、名乗っただけでは本人であるかどうかの確認になりません。**認証**とは、「そのシステムやサービスをこれから利用しようとしている者が誰であるか」を確認することです。対面の場合には、学生証や運転免許証やパスポートといった身分証明書の提示によって行なっています。

　システムの場合も同様で、ユーザ ID の入力は他人にもできるので、「ユーザ ID を入力した人物が確かに本人であること」を確認しなければなりません。認証には様々な方法がありますが、皆さんに馴染みがあるのは「本人しか知らないはずのパスワードを知っていたら本人とみなす」という「パスワード認証」でしょう。

7.1.3 認可

本人確認ができたらシステムを自由に使えるのかというと、そうでもありません。

情報システムの場合、その利用者の属性に応じてアクセスできる範囲が変わります。例えば e-Learning システムの講義資料に着目すると、授業担当の教員は資料の作成や変更が可能、受講学生は閲覧・ダウンロードは可能だが、新規作成や変更は不可、受講していない学生は閲覧不能、といった具合です。メールシステムの場合には、自分のメールだけが閲覧可能で、他人のメールは閲覧できません。そもそもシステムの利用を断られることもあるでしょう。「あなたが誰なのかは理解しましたが、あなたにはシステムを使う資格はありません」ということも起こりうるのです。

認証をした上で、アクセスの可否を判断することを「認可」と呼びます。認可を実現する仕組みは一般に**アクセス制御**と呼びます。認証と認可は一見似ていますが、全然異なる処理です。

7.1.4 認証基盤とシングルサインオン

大学の中には、履修申告の管理システム、e-Learning システム、メールシステム、成績証明書発行機など、皆さんが利用できる情報システムが複数あると思います。これらの情報システム毎にユーザ ID やパスワードが異なると、利用者もユーザ ID とパスワードを覚えておくのが大変になります。そこで同一組織内で運用している複数の情報システムのユーザ ID とパスワードを統一的に管理できる専用の仕組みが導入されていることがあります。こういった仕掛けのことを**認証基盤**と呼びます。認証基盤を使って認証を行い、各情報システムでは認可の処理のみを行うわけです。

共通の認証基盤を利用していても、情報システム毎に認証を求められると、ユーザ ID とパスワードを入力するのが面倒です。そこで認証をパスした状態になったら、一定時間内は別の情報システムを利用しようとしたときにパスワードを聞かれないようにする仕組みが考え出されました。これを**シングルサインオン**（Single Sign On ：SSO）と呼びます。

スマートフォンのロック、かけてますか

ロック解除が面倒だから、という理由でスマートフォンのロックをかけない人がいます。スマートフォンも立派な情報システムであり、内部には自分だけでなく多くの他人の個人情報が格納されています。Twitter や Facebook などのソーシャルメディアも、スマホアプリが認証情報を記憶しているため、スマートフォンからならパスワードを聞かれることなくアクセス可能です。設定変更もたやすいでしょう。

パスワードロックされていないと、万一スマートフォンを紛失した場合に個人情報が漏洩し、友人に大きな迷惑をかけることになるかもしれません。ストーカー被害などの場合には深刻な事件に発展する危険性すらあります。

面倒だと思わずに、ちゃんとロックをかけておきましょう。

7.2　パスワード認証の安全性

パスワード認証は「パスワードを本人しか知らない」ことを拠り所としています。ユーザ ID とパスワードの組みがわかれば、誰でも本人になりすますことが可能になります。それではパスワードを他人に教えなければ安全なのでしょうか?

7.2.1　パスワード認証に対する攻撃

ここでは他人のアカウントにログインしようとする人を**攻撃者**と呼びます。攻撃者が実際にどのようにしてパスワードを突破するのかみてみましょう。個人のパスワードに対する主な攻撃手法を表7.1に示します。

表 7.1　個人のパスワードに対する主な攻撃手法

	攻撃手法	説明
1	リスト攻撃	他所で流出した認証 ID とパスワードのリストに基づいて、他の様々なサービスに不正アクセスを試みる。
2	フィッシング	企業などになりすましたメールを送信し、偽の Web ページなどへ誘導して認証 ID とパスワードを入力させる。
3	キーロガー	ターゲットが使用するパソコンにキー入力を覗き見するプログラムやハードウェアを仕掛け、パスワードを盗む。
4	メモの入手	ターゲットがパスワードを忘れないように残したメモや、パスワードを記録したファイルなどからパスワードを突き止める。
5	ソーシャルエンジニアリング	攻撃者はターゲットに対して本人あるいは近い人物に接触し、パスワードの手がかりを得る。SNS などからの情報も含まれる。
6	辞書攻撃	「よく使われているパスワード」を用いて大量のアカウントに対してログイン試行を行う。
7	総当たり攻撃	理論的にあり得るすべてのパスワードのパターンをすべて入力することでパスワードの突破を試みる。

7.2.2　パスワード認証をより安全にするには

　前節であげた攻撃に対して、どのような対抗策が考えられるでしょうか。ひとつひとつ検討してみましょう。

　リスト型攻撃では、攻撃者は他所の情報システムの正しいユーザ ID とパスワードの組を入手しています。流出した情報システムと同じパスワードを他のシステムでもつけていると、芋づる式に侵入される恐れが高くなります。最近はメールアドレスをユーザ ID として使うシステムが多いため、複数のシステムでユーザ ID が共通であることが多く、パスワードさえわかればすぐ侵入できます。有効な対抗策は、**情報システム毎に異なるパスワードをつける**ことです。

　フィッシング詐欺を仕掛けられて気づかなかった場合、利用者はフィッシング詐欺サイトに正しいユーザ ID とパスワードを入力してしまうので、複雑なパスワードをつけていても関係ありません。対抗策は、フィッシング詐欺にだまされないよう、**利用者のリテラシーを高めること**以外にありません。

　キーロガーを使った攻撃は、攻撃者が対象パソコンに接触できることが必要です。有効な対抗策は、自分のパソコンを他人に使わせないこと、そして**管理が適切に行われていない恐れのあるパソコンは使わない**ことです。

　メモからパスワードを入手されてしまう場合、攻撃者はメモを見ることできるほどターゲットの身近にいます。攻撃者は、ターゲットのこと（趣味、人間関係）を既によく知っています。有効な対抗策は、**推測されにくいパスワードをつける**こと、そしてそれを**安全な方法で管理する**ことです。

　ソーシャルエンジニアリングでは、ターゲットの日常に詳しい身近な人からパスワードのヒントを情報収集します。ターゲットが SNS で日常生活を自ら発信している場合には、そこでヒントが漏れていることがあります。その場合には、攻撃者は遠くからでも情報収集できます。有効な対抗策は、身の回りのものに関連しない**推測されにくいパスワードをつける**ことです。

　辞書攻撃では、攻撃者は実際に対象のアカウントのパスワードを知っているわけではなく、「よく使われているいくつかのパスワード」で手当たり次第に攻撃を試みるだけです。そのため「qwerty」「123456」「pass1234」といった単純なパスワードを使っていると攻撃が成功しやすくなります。この攻撃は、**ある程度の複雑さをもったパスワードを設定する**だけで防御できます。

　総当たり攻撃はわかりやすい攻撃方法ですが、計算時間の観点からは非常に効率が悪く、現実に実行されることは稀です。この攻撃に対しては**ある程度の長さのパスワードをつける**ことが防御になります。

以上をまとめると、以下のような方法でパスワード認証をより安全にできることがわかります。

---

1. ある程度の複雑さと長さを持った、推測されにくいパスワードをつける
2. 異なる情報システムで同じパスワードを使い回さない
3. パスワードの管理には、メモではなく、パスワード管理ツールを使う

これ以外にも、自分自身の SNS で発信する情報に気をつける、フィッシングメールを見破る力をつける、といった情報リテラシーの向上も大事です。

「強い」パスワードってどういうこと？

　銀行の暗証番号で考えてみましょう。暗証番号は普通 4 桁の数字ですから、10000 通り総当たりで試せば必ずいつかは正しい暗証番号が見つかります。パスワードの長さが長ければ長いほど、また使用できる文字の種類が多いほど組み合わせが多くなり、総当たり攻撃が大変になります。

　パスワードの長さが同じならばどれも破られにくさは同じでしょうか。総当たり攻撃で「0000」から順番に試すなら「9999」が一番最後になりますが、「0000 が最弱で 9999 が最強」と思う人はいないでしょう。

　人は、4 桁の数字なら「0000」「1111」などのゾロ目や何かの記念日、自分の車のナンバープレートの番号といった、覚えやすい番号を付ける傾向があります。仮に全体の 50%の人が日付型の暗証番号をつけているという統計があるとします。そうすると攻撃者はたった 365 通り（10000 通りの 4%にも満たない）を試すだけで、50%の確率で「当てる」ことができることになります。こんなオイシイ偏りを攻撃者が見逃すはずがありません。

　「多くの人が付ける傾向が高いパスワード」は、「攻撃者が優先的に試すパスワード」となり、結果として「破られやすい弱いパスワード」となります。

　パスワードに使える文字種が「数字、英字の大文字、小文字」の場合に同じ長さ 6 文字の 2 つのパスワード「secret」と「04dJ8a」を考えてみましょう。長さ 6 文字の文字列は $(10 + 26 + 26)^6$ 通りあります。攻撃者が適当に試した 6 文字のパスワードが「当たる」確率は、均等に $1/(10 + 26 + 26)^6$ ではありません。意味のある英単語になっているもの、キーボードから入力しやすいものなど、多くの人が付けてしまいがちなパスワードがあります。攻撃者はそういうパスワードを集中的に試してくるので、「secret」のほうが「04dJ8a」よりも「はるかに弱い」パスワードということになります。

7.3 多要素認証

パスワード認証では、ユーザ ID とパスワードがバレたら なりすましができます。フィッシング詐欺の手口も年々巧妙になっており、せっかく複雑なパスワードをつけてもフィッシングで盗み取られる危険性はゼロではありません。またパスワード管理がずさんで情報システムからパスワードが流出する事故も時々発生しています。すなわちパスワード認証では、「利用者が気をつけてさえいれば安全」とは言えない状況になっています。パスワードに変わるもっと安全な認証方式はないのでしょうか。

認証方式にはパスワード認証以外にも様々な方法があります。認証を行う際に利用する情報は表 7.2 に示す 3 つに大きく分類されます。これらを**認証の 3 要素**といいます。

これらの認証情報にはそれぞれ利点と欠点があります。互いの欠点を補完し合うように 2 つの要素を組み合わせる認証方式を **2 要素認証**（2 Factor Authentication, **2FA**）、それ以上の要素を組み合わせて認証を行う方式を**多要素認証**（Multi Factor Authentication, **MFA**）と呼びます。同じ要素で異なる情報を利用する方式は単なる**多段階認証**です。

知識情報を用いた認証においてその知識を他人に漏らさないことが重要であるのと同様に、所持情報を用いた認証では、その物を本人以外に所有されないことが重要です。

表 7.2 認証の 3 要素

要素	説明	例
知識情報 What You Know, knowledge factor	本人だけが知っている情報を確認する。記憶するだけでよいため、汎用性が高くコストも低い。忘却、漏洩の危険性が高く、漏洩に気付きにくい。	パスワード、 PIN コード、 秘密の質問など
所持情報 What You Have, possession factor	本人だけが持っているものを確認する。物理的なものであるため紛失や盗難の危険性があるが、無くなったことには気づきやすい。	スマートフォン、 USB トークン、 IC カードなど
生体情報 What You Are, inherence factor	本人の身体・行動にかかわる固有の属性を確認する。一般的に不同なものを利用する。	顔、指紋、声紋、虹彩、静脈パターンなど。広義では署名も含む。

7.3.1 多要素認証の例

多要素認証の具体例を見てみましょう。ここではパスワード認証と、所持情報としてのスマートフォンとを組み合わせています。スマートフォンを用いた認証のために、情報システムに認証に使うスマートフォンの電話番号を予め登録し、スマートフォンには認証用のスマホアプリをインストールしておきます。

認証システムにアクセスしてユーザ認証を行うと、はじめにパスワード認証が行われますので、ユーザ ID とパスワードを入力します。パスワード認証を通過すると、つぎにスマートフォンを使った認証が行われます。スマートフォンを使った認証にはいくつかの方法が選べるのですが、例えば認証用アプリを立ち上げると表示される 6 桁程度の数字を認証システムに入力します。この数字は 1 分毎に更新される**ワンタイムパスワード**になっています。アプリが使えない旧来の携帯電話の場合には、SMS を利用してワンタイムパスワードが送られてくるので、そのコードを認証システムに入力します。2 つめの認証も成功すると、はじめて情報システムが利用可能になります。

仮にパスワードが流出して闇市場に流れ、それを利用して攻撃者に 1 段階目の認証が突破されたとしても、登録されたスマートフォンを持っていない攻撃者は 2 つ目の認証を突破することができません。すなわち多要素認証を行うことによって、直ちには損害が出ないようにすることができます。

スマートフォンを紛失すると基本的に自分はログインできなくなります。では、拾った人はどうでしょう。

多要素認証を使っていても、スマートフォンにロックがかかっておらず、さらにスマートフォンの中にユーザ ID とパスワードをメモっていたら、多要素認証に必要なすべての情報が拾った人の手に渡ってしまいます。スマートフォンのロックの重要性が増していることがわかります。

リスクベース認証とアダプティブ認証

多要素認証では複数回の認証を行うのがやはり若干面倒です。そこで、例えば学内ネットワークからアクセスしたときにはパスワード認証だけにし、学外からアクセスした時には多要素認証を行うという設定にし、利用者の負荷を少しでも軽減しようとすることもあります。

また、平常時の行動パターンを情報システム側が学習し、いつもと同じところからのアクセスだと 2 段階目の認証を省略し、いつもと違うところからアクセスがあった時にだけ多要素認証を行う、といったものもあります。

これらは**リスクベース認証**や**アダプティブ認証**と呼ばれています。

7.4 ソーシャル認証

　新しいネットワークサービスの中には、認証のためのパスワードを独自に発行する代わりに、FacebookやTwitterといったソーシャルメディアのアカウントと紐付け、そちらで認証ができたらサービスを利用させるものが増えています。

　こういった形態の認証を**ソーシャル認証**と呼んだりします。ソーシャルメディアを一種の認証基盤として扱っていることになります。利用者が覚えなければならないIDとパスワードの組が減らせるという利点がある一方、万一ソーシャルメディアのアカウントに侵入されてしまうと、ソーシャル認証でつながっている他のサービスにも侵入を許してしまうという危険性もあります。

　またソーシャルメディアのIDに関連づけられることにより、個人情報が必要以上に収集されることにつながるのではないかという危険性を訴えている人たちもいます。

「秘密の質問」には意味があるか

　1回目の通常のパスワード入力の後に、「秘密の質問」に対する答えを入力させる「**二段階認証方式**」を採用している情報システムが見受けられます。この方式はセキュリティの強度が増しているのか考えてみましょう。

　パスワードと「秘密の質問」は2段階で認証していますが、要素としては同じ知識要素しか確認していないので、単要素2段階認証ということになります。ひとつの長いパスワードを前半と後半に分けて入力していると考えれば、意味がある認証方式であるとは考えにくいです。

　特に「母親の旧姓」や「最初に買った車」「ペットの名前」などは、TwitterやFacebookなどで自ら公開している人も多く、「本人しか知らない情報」とはとてもいえません。また統計的に大きな偏りがあるため、英語圏であれば「好きな食べ物」に「Pizza」と回答すれば19.7%の確率で突破できるという研究結果もあります [8]。

7.5　演習問題

演習 1. パスワードの漏洩事件などを分析した結果に基づいて、「弱い（悪い）パスワード」のランキングが発表されることがあります。どのようなパスワードがランキングの上位にきているか、調べてみましょう。

演習 2. 複数の Web サービスのパスワードを使い回すと、芋づる式にアカウント乗っ取りの被害に遭います。そのためそれぞれの Web サービスには異なるパスワードを使うことは必須です。どのようにすれば Web 毎に異なり、覚えやすく、比較的安全なパスワードを作成できるでしょうか。ディスカッションしてみましょう。

演習 3. パスワードは、定期的に更新したほうが安全であると言われています。しかし一方で、定期的に変更することは攻撃成功率を下げる効果はない、という研究報告もあります。パスワードの更新間隔は短い方がいいのか、長い方がいいのか、考えてみましょう。また、その根拠は何でしょうか？

演習 4. 情報システム毎に異なる複雑なパスワードを安全に管理するために、様々な製品が販売されています。どのような製品があるか調べ、その管理の安全性について議論してみましょう。逆に危険になっている側面はないでしょうか。

演習 5. 個人認証の方法として、どのようなものがあるか調べてみましょう。必ずしも IT を利用しているとは限りません。

演習 6. 銀行 ATM の暗証番号は数字 4 桁だけです。この桁数でもそれなりの安全性を確保するために、どのような工夫が行われているか考えてみましょう。多要素認証は使われているでしょうか。

演習 7. 多要素認証の一要素として生体情報があります。どのような生体情報が認証情報として利用できるか、調べてみましょう。また生体情報を用いた認証のデメリットは何でしょうか。

演習 8. 身のまわりのサービスで、多要素認証や二段階認証を導入しているものがないか調べてみましょう。

演習 9. 多要素認証の一要素として、登録されたスマートフォンを所持しているかどうかを確認するシステムが増えています。万一スマートフォンを紛失した場合、どうなるのか調べてみましょう。被害をなるべく小さくするには、どのような対策が取れるでしょうか。

第8章

Web サイトの安全性

World Wide Web はインターネットの代名詞ともいえるサービスです。単なる情報発信だけでなく、ネットショッピングなど、クラウドメールシステム、SNS など多くのインターネット上のサービスが Web サイトの技術を用いて提供されています。

8.1　World Wide Web の仕組み

技術的には、情報を発信する側となる Web サーバに、Web ブラウザでアクセスして情報を取得しています、Web ブラウザは取得した情報をもとに Web ページを描画し、利用者に提示します。有名な Web ブラウザには、Edge, Internet Explorer, Google Chrome, Firefox, Safari などがあります。

Web サイトにアクセスするには、Web ページの場所の情報である **URL** を Web ブラウザのアドレスバーに入力します。実際のところ、Web ブラウザに URL を手で入力することは少なくなってきています。多くの人は検索サイトを利用したり、メール中のリンクをクリックしたり、あるいはスマートフォンやタブレットのカメラで QR コードを撮影することで URL を取得しているのではないでしょうか。

Web ブラウザに「`http://www.example.com/index.html`」という URL が入力された時、Web ページが表示されるまでに何が行われているのか、確認しておきましょう。

URL の分解

Web ブラウザはまず、`http://www.example.com/index.html` という URL を「`http`」「`www.exaple.com`」「`/index.html`」という 3 種類の情報に分解します。

`http`	情報にアクセスするための通信手順（プロトコル）
`www.example.com`	Web サイトのホスト名（Fully Qualified Domain Name）
`/index.html`	Web サイト上のデータのパス名

IP アドレスの取得

Web ブラウザはインターネット中にあまたある Web サイトの中から `www.example.com`
のホスト名を持つ機器を見つけ出して通信路を確立しなければなりません。インター
ネット上の機器には重複しない IP アドレスが割り当てられているので、この IP アドレ
スがわかればその機器との通信を行うことができます。

`www.example.com` というホスト名の IP アドレスを調べるには、DNS（Domain Name
System）を利用します。もしホスト名が DNS に登録されていなかったら、「Host
Unknown（サーバが見つかりません）」というエラーになります。

`www.example.com` の IP アドレスを調べると、「93.184.216.34」という結果が得られま
す。これで Web ブラウザは `www.example.com` という名前の Web サイトのデータは、
93.184.216.34 という IP アドレスを持つ機器にあることを知ります。

IPv4 アドレスの枯渇と IPv6

「192.168.10.11」のような形で表現される IP アドレスは、**IP バージョン 4**（IPv4）と
いう形式で実際には 32 ビットの数値です。

同じ IP アドレスを持つ機器が複数存在してしまうと通信が混乱するので、IP アドレス
が重複しないように割り当てを行う必要があります。IPv4 アドレスは、インターネット
資源を管理する ICANN[a]から、世界 5 地域の地域インターネットレジストリ（RIR）に
割り振られる仕組みになっています。2011 年 2 月には ICANN の在庫が枯渇し、その後
は各 RIR の在庫が割り振られる状態でした。

2011 年 4 月にはアジア太平洋地域の APNIC[b]が、2012 年 9 月にはヨーロッパ地域の
RIPE NCC[c]が、2014 年 6 月には中南米地域の LACNIC [d]が 2015 年 9 月には北米地域
の ARIN [e]が、それぞれ IPv4 アドレスの枯渇を発表しました。残っているのはアフリカ
地域の AFRINIC[f]のみです。

新しい機器が次々とインターネットに接続しているのに、大丈夫なのでしょうか？実は
この枯渇の問題に対応するために、アドレス空間がより広い **IP バージョン 6**（IPv6）が
併用されています。IPv6 の長さは IPv4 の 4 倍の 128 ビットです。つまり使えるアドレ
スの数が 2^{32} から 2^{128} へと 2^{96} 倍に広がるのです。

[a] Internet Corporation for Assigned Names and Numbers
[b] Asia Pacific Network Information Centre
[c] Reséaux IP Européens Network Coordination Centre
[d] The Latin American and Caribbean IP address Regional Registry
[e] American Registry for Internet Numbers
[f] African Network Information Centre

Web サーバへの接続

Web ブラウザは、93.184.216.34 に対して通信を試みます。もし、93.184.216.34 という IP アドレスを持つ機器が実際には存在していない場合、あるいはたまたま停電などで Web サーバが動いていない場合には、通信ができません。この場合には「Web サーバに接続できません」というエラーになります。

データの取得

Web サーバの接続に成功したら、Web ブラウザは **HTTP** という手順にしたがって「/index.html」のデータを要求します。

Web サーバは/index.html に対応するデータが自分のところにあるかどうか調べ、もしあるならばその内容を Web ブラウザに送信します。対応するデータがなければ「見つからない（Not Found）」というエラーになり、対応するデータがあってもアクセスが禁止されていると、「アクセスは許可できない（Forbidden）」というエラーになります。Web サーバから/index.html のデータを受け取った Web ブラウザは、その中身を解析します。その結果、例えば http://www.example.com/image/logo.png という URL で指定される画像ファイルが必要である、ということがわかれば、上述の流れを再度行って画像ファイルを取り寄せます。

/index.html のページを描画するために必要なすべてのパーツがそろったら、Web ブラウザは実際に利用者に提示する画面を描画します。

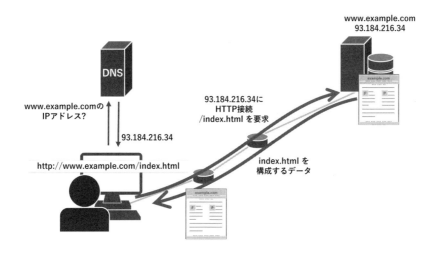

図 **8.1.1** Web サイトへのアクセスの流れ

8.2　HTTP における通信路上の脅威と HTTPS

　Web ブラウザと Web サーバの間の通信で用いられる HTTP というプロトコルでは、通信途中のデータがそのまま送られています。このデータのやりとりに対してどのような脅威が考えられるのか、みてましょう。

　図 8.2.2 を見てください。まず思いつくのは**盗聴**です。盗聴は、やりとりされる情報を通信路上で盗み見ることです。インターネットは、各組織のネットワークが相互接続して成り立っている巨大なネットワークなので、Web ブラウザと Web サーバの間の通信も他所のネットワークの上を運ばれていきます。したがって途中のネットワーク上で通信を覗くことが原理的に可能です。

　改ざんも可能です。改ざんとは、やり取りされる情報を途中で第三者が勝手に書き換えることです。Web サーバからのデータを書き換えることにより、利用者の手元の Web ブラウザでは、本来の情報とは異なる画面になっているかも知れません。

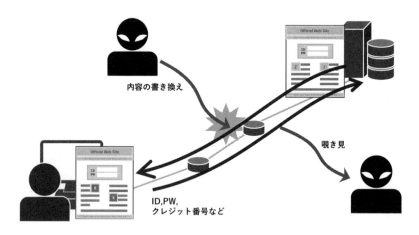

図 8.2.2　HTTP は安全ではない

　盗聴と改ざんは、暗号通信を用いることで防御することができます。HTTPS は暗号化通信路を使う HTTP です。やりとりされるデータは暗号化されているので、たとえ覗き見されても意味がわかりません。

　また改ざんに対しては意味がある変更ができなくなります。データの書き換えが不可能になるわけではありませんが、暗号化されたメッセージを書き換えても、復号した時に意味のあるデータになる確率が極めて低いのです。復号結果が HTTP として意味が通じないデータになると Web ブラウザがエラーとして処理するため、利用者が偽の情報に騙されることはなくなります。

　イメージとしては、図 8.2.3 に示すように第三者からの攻撃をブロックしてくれる安全なパイプを通して通信していると考えればいいでしょう。

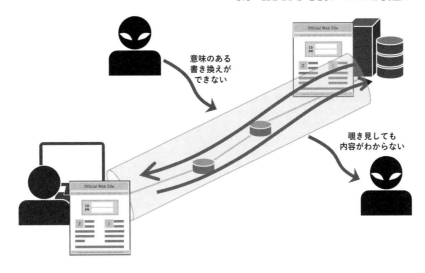

図 **8.2.3**　**HTTPS** を使うと改ざんや盗聴に対して防御できる

8.3　HTTPS を使っていれば安全か

　HTTPS を使っている Web サイトでは、盗聴や改ざんから守られることがわかりました。では、HTTPS を使っていれば安全なのでしょうか。他の脅威はないのでしょうか。

　残念ながら HTTPS であったとしても安全とは言い切れません。HTTPS は、通信している相手からの攻撃は防いでくれません。例えば、図 8.3.4 に示すように、接続した相手がマルウェアばらまきサイトだった場合、Web サイトからダウンロードしたプログラムにマルウェアが混入していても HTTPS は守ってくれません。マルウェアを安全にパソコンまで送り届けてくれるだけです。

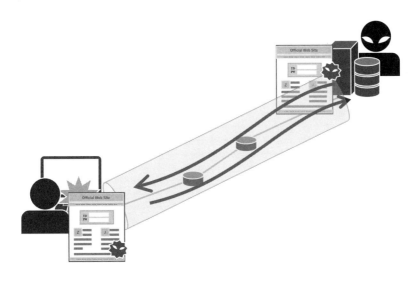

図 **8.3.4**　**HTTPS** で接続していても相手が信用できるとは限らない

私たちは、HTTPS であったとしても、接続した Web サイトが安全かどうか、自分で見抜かなければならないのです。

HTTPS で接続したサイトが安全ではないケースには 2 通りあります。ひとつは、元々自分が接続するつもりだった Web サイトとは異なる Web サイトに接続してしまっているケースで、いわゆる「なりすまし」の状態です。もう一つは接続したサイト自体がそもそも危険なサイトだった、というケースです。

前者の「なりすまし」を困難にするために、HTTPS では「サーバ証明書」という手法を用いています。これは電子署名の技術を利用しています。HTTPS で接続するにあたり「確かにそのホスト名をもつ機器に接続した」ことを保証してくれます。例えば HTTPS で「www.example.com」に接続した場合、www.example.com からサーバ証明書が送られてきます。サーバ証明書には「このホストが www.example.com で間違いありません」ということを第三者である認証局が保証したことを示すものとなっています。仮に「www.examp1e.com」というサイトが www.example.com になりすまそうとしても、www.example.com のサーバ証明書を作ることができません。

Web ブラウザでは HTTPS 接続にあたり、サーバ証明書を検証することで「URL で指定されたホスト名をもつ Web サイトと直接暗号通信で接続している」ことを確認します。サーバ証明書の検証をパスしたかどうかは、鍵のかかったアイコンを表示したりアドレスバーの背景を緑にしたりするといった方法で、Web ブラウザ上で利用者にわかるように示してくれます。

Web ブラウザでどこかの Web サイトに HTTPS で接続したときに、もしアドレスバーが赤くなっていたら「サーバ証明書はあるけど信頼できない（検証ができない／検証に失敗した）」ことを表しています。そのような Web ページでは原則としてユーザ ID やパスワードといった機密情報や個人情報を入力してはいけません。最近の Web ブラウザは、サーバ証明書の内容が検証できない時点で警告を出し、Web ページを表示しないものが増えています。

8.4　サーバ証明書の検証をパスすれば安全か

　サーバ証明書の検証をパスして、アドレスバーが緑になっていたら安全でしょうか。残念ながらそうとも言い切れません。サーバ証明書が保証するのは、あくまでもホスト名と暗号通信用の情報に矛盾がないことだけです。つまり、`www.example.com` という Web サイトに HTTPS で接続した時、`www.example.com` 用のサーバ証明書を提示されれば、検証はパスするのです。

　もし利用者が `www.example.com` に接続するつもりで、気づかずに `www.examp1e.com` にアクセスしたとしても、Web ブラウザは「URL が（あなたが思っているところと）違っている」ことを教えてくれるわけではありません。

　もしかしたら、あなたが接続した Web サイトは、本当に自分が接続したかったところではないのかもしれません。「接続しようと思った Web サイト」に正しく接続できたかどうか、どうやって判断したらいいのでしょうか。自分が接続しようと思った Web サイトの正しい URL を知っていれば、アドレスバーに表示される URL をみて「あ、違うところに接続してしまった」と気づくことができます。

　しかし、URL 中のホスト名を気にしている人は少ないのが現実です。Web サイト中のリンク、メール本文中のリンク、QR コードなど、利用者が URL をそれほど意識せずに Web サイトに誘導する仕組みは至るところにあります。表示された画面を見て、それらしければ「本物」と思ってしまうのではないでしょうか。それがまさにフィッシング詐欺メールが狙っているポイントです。

　公式サイトなどであれば、複数のメディアや場所で同じ URL が提示されています。自分がよく利用する Web サイトは、正しいところに接続できていることが確信できたらブックマークしておくと良いでしょう。

8.5　演習問題

演習 1. 大学の Web サイトにアクセスしてみましょう。Web ページのソースコードを表示させてみましょう。

演習 2. 次のうち正しいといえるものはあるでしょうか。
1. HTTPS を使っていないサイトはすべて信用できない
2. HTTPS を使っているサイトは信用できる
3. 信用できるサイトは HTTPS を利用している
4. 信用できないサイトは HTTPS を利用していない

演習 3. HTTPS で好きな Web サイトに接続してみましょう。Web ブラウザでは、サーバ証明書の内容を確認することができます。どのような内容が記載されているか調べてみましょう。

演習 4. サーバ証明書は電子署名という技術を使って実現されています。なぜ他のサイトのサーバ証明書を騙ることができないのか、調べてみましょう。

演習 5. フィッシング詐欺の事例を調べてみましょう。最新の情報は、フィッシング対策協議会の Web サイト (`https://www.antiphishing.jp/`) にまとまっています。

演習 6. フィッシング詐欺メールやフィッシング詐欺サイトを見破ることはできるでしょうか？我々ができる自衛策として、フィッシング対策協議会ではどのような方法を勧めているか、調べてみましょう。

演習 7. Google、Amazon、Facebook などには偽サイトがたくさんあります。なぜ偽サイトが多く作られるのか考えてみましょう。

第 9 章

個人情報保護

9.1　個人情報

9.1.1　プライバシーと自己に関する情報

　個人情報はプライバシーの捉え方と密接に関係しています。プライバシーの考え方は時代とともに変化しており、1890 年には、報道機関による私生活の暴露に対抗する司法上の権利として、「ひとりで放っておいてもらう権利」と考えられていました。その後、「私生活をみだりに公開されない法的保障ないし権利」としてプライバシーの権利が憲法上の権利として認知されるようになりました。1967 年以降は「第三者が、自らに関する個人情報をどの程度取得あるいは共有することができるかを自ら決定できる権利」として、「自己に関する情報をコントロールする権利」と考えられています。これは行政機関や大組織が個人に関する情報を収集・管理するようになり、「個人が自己に関する情報を管理することが必要である」という認識が高まったことによります。

9.1.2　個人情報

　個人情報とは何でしょうか？個人情報保護法では個人情報を以下のように定義しています。氏名、生年月日のような個人に属していることがわかりやすい情報だけでなく、個人を識別することができる ID（Identifier, 識別子）も個人情報となっている点に注意しましょう。

---個人情報の保護に関する法律（第 2 条第 1 項）---

　この法律において「個人情報」とは、生存する個人に関する情報であって、当該情報に含まれる氏名、生年月日その他の記述等により特定の個人を識別することができるもの（他の情報と容易に照合することができ、それにより特定の個人を識別することができることとなるものを含む。）をいう。

　個人を識別するための ID は、私たちの身の回りに溢れています。様々な Web サービスで登録したアカウントもそうですし、ポイントカードのカード番号もそうです。このような個人に紐づけられた ID は、顧客一人ひとりに対応したきめ細かなサービスを円滑に提供する上で必須といえます。国レベルではマイナンバーという番号を付与しています。

9.1.3 ID によるトラッキング（追跡）

　個人の ID を取得する装置が様々な位置にあると、それらの機器からの情報を突き合わせることによって利用者の行動を把握できることになります。例えば交通機関系のカードには、いつ、どこからどこまで移動したか、の記録が詳細に残ります。長い年月にわたるデータが収集できれば、個々のカードの持ち主がどのあたりに住んでいて、通学先あるいは通勤先がどこなのか、絞り込むことができるかもしれません。

　利用可能な領域が広く機械的に読み取り可能な ID は、特にトラッキングしやすくなります。異業種のサービスで、共通のポイントカードに乗り合っている場合にも、ポイントカードサービスのところでは、あなたの行動をかなり詳細に把握することができます。こういった詳細な行動パターンの情報は、マーケティング戦略を立てる上で非常に強力なデータとなります。

　インターネット通信の場合には IP アドレスで機器を識別しています。必ずしもパソコン 1 台 1 台と対応しているわけではありませんが、短時間で頻繁に変化するものでもないため、一種の ID として利用可能です。

　Web の場合にはもっと積極的に ID を割り振ることで、利用者毎に特化したサービスを提供できます。Web サイト側から識別用の ID を埋め込んだ Cookie という情報を Web ブラウザに覚えさせることができます。この Cookie 情報を複数の異業種間で共有すれば、その利用者がどういう Web サイトを閲覧するのか追跡することが可能となり、利用者毎に興味を持ちそうな Web 広告を画面に埋め込むなど、マーケティングに活用することができるようになります。

9.2 匿名性

　逆に、「個人に関する情報」がわからない状態を考えてみましょう。「匿名（とくめい）」とは、ある行動をとった人物が誰であるのか、特定できないことです。匿名であることにより、プライバシーの保護ができる利点があると考えられますが、一方で、匿名であることをいいことに気軽に悪事を行われかねないという側面もあります。

　匿名性には、表 9.1 に示すようにいくつかの異なるレベルがあります。強い匿名性が要求される場合には、unlinkable かつ undeniable であることが望ましいとされています。

表 9.1 匿名性のレベル

Pseudonymity	ハンドルネームなどを使った弱い匿名
Unlinkability	任意の事象 A,B に対し、A を行った人物と B を行った人物が同一人物であるかどうかを判定できないこと
Undeniability	「A を行ったのが自分でない」という事を第三者に証明できるとき deniable であるといい、そうでないとき undeniable であるという

　あるサービスを、個人を識別できるようにするか、匿名にするか、は簡単な問題ではありません。2択ですらありません。例として「選挙の投票」で考えてみましょう。有権者が一人1回しか投票できないよう管理しなければならない一方、誰に投票したのかは判らないように管理しなければなりません。前者を実現するには一人一人をIDで識別する必要があり、後者を実現するためには投票内容がIDと紐づかないようにする必要があります。また、投票を締め切った後に投票内容が変更されないことも保証しなければなりません。「スマホで電子投票できるようにしてほしい」という意見をよく見ますが、上記の条件を満たす仕組みを全有権者対象に構築するには莫大な費用がかかりそうです。

　なお、アンケートなどで個人を識別可能な情報を収集した場合には、発表や分析にあたり個人が特定されないよう注意が必要です。例えば「〇〇市在住の24歳の女性」などとしてしまうと、名前を伏せていたとしても近所の人は誰なのかわかってしまうことがあります。「20代の女性」のように匿名化処理を行うと、個人の特定が少し難しくなります。

9.3　個人情報を保護する法律

9.3.1　個人情報保護法

　個人情報保護法では、ビジネスにおいて個人情報を利用する際に、やってはいけないことを規定しています。このように書くと「個人情報をビジネスで利用させないことが目的」の法律のようですが、実際は逆です。この法律は個人情報のビジネス利用を促進するために整備されたもので、「これthese の条件さえ守れば個人情報をビジネスに使って良い」という基準を示したとも言えるのです。

　例えば、個人情報を集める際には、その情報を何に使用するのか説明し、同意を得る必要があります（オプトイン方式）。利用目的以外に使用することは禁止されています。また、個人情報を第三者に提供する場合は、個人を識別できないように匿名化する必要があります。なお匿名化された後の情報（**匿名加工情報**）は自由に使えるわけではなく、その取り扱いについても様々なルールが定められています。

オプトインとオプトアウト

　インターネット上のビジネスなどにおいて、個人情報の取得や利用の際に、利用者個人の意思を反映させる仕組みには大きく2つの考え方があります。

　ひとつは自分の情報を提供する際に「利用を許諾する意思を示す」方法で、「**オプトイン（Opt-in）**」といいます。つまり利用に同意した者の情報だけが利用できるということになります。個人情報保護法ではオプトイン方式を原則としています。

　これに対して、利用されたくない時に「利用を拒絶する意思を示す」という方法を「**オプトアウト（Opt-out）**」といいます。オプトアウト方式では、特に意思を示さない場合には利用してもいいという考え方です。広告メールなどではオプトアウト方式が標準です。

9.3.2　GDPR

　個人情報保護法は日本の法律ですが、ヨーロッパの方では EU 域内の個人データの保護を規定する法律として **GDPR**（General Data Protection Regulation; 一般データ保護規則）が制定されました。GDPR 制定の背景には、少数の巨大企業に、個人に関する膨大な量のデータが集中していることに対する危惧があります。

　GDPR では IP アドレスや Cookie も個人情報とみなしており、また個人情報を取得するときには利用者の同意が必要とされています。Cookie を利用する Web サイトでは、GDPR に対処するため必ず Cookie 利用に対する同意を求めるようになりました。これは EU 域内の Web サイトだけの問題ではなく、EU 域の人からのアクセスされる可能性がある世界中の Web サイトも対処する必要があります。企業の中には、Cookie を GDPR の規定に触れる形で利用することでビジネスを成り立たせている場合もあり、止むを得ず EU 域からのアクセスを遮断した事例もあります。

GAFA と BATH

　GAFA（ガーファ）とは、Google, Apple, Facebook, Amazon の 4 つの主要 IT 企業の総称です。また BATH（バス）は中国で展開する同種の IT 企業 Baidu, Alibaba, Tencent, Huawey の総称です。

　GAFA が提供するサービスは、まさしくインフラとして我々の生活に深く浸透しています。我々は、意識しているかどうかにかかわらず、非常にプライベートな情報へのアクセスをこれら 4 社に許しています。

　例えば、Facebook では気に入ったものに「いいね」をつけることができます。Facebook は、あなたがどういうものに「いいね」をつけたのか分析することができ、その数が数百ともなれば、それらは「あなたがどういうものを好む人物であるか」を浮かび上がらせるに十分な情報となりえます。

　Google も同様です。おそらく多くの人が Google のアカウントを持っていて、Web ブラウザもそのアカウントでサインインした状態になっているのではないでしょうか。Google で検索するたびに「誰が何を検索したのか」という情報が蓄積されています。その結果「あなたがどういうものに興味がある人物なのか」が浮かび上がってきます。Google は検索サービスだけでなく、Gmail などのサービスも展開しており、やり取りされる内容を分析してマーケティングに使用することを公言しています。メールに書いた内容に関連する広告が Google の検索結果のページに出てきたり、あるいは検索した内容に関するダイレクトメールがパートナー企業から自分あてに送られてきたりするのは、そのためです。

　このように個人に関する膨大な量のデータが GAFA 4 社に集中しています。近年、この状況を問題だとして、GAFA の活動を規制する法律を作る国が増えてきています。

9.4　演習問題

演習 1.　個人情報保護法違反の事例を調べてみましょう。どの条項に違反したのか、具体的に説明ができますか？

演習 2.　私たちの身の回りでは「お友達登録するとドリンクサービス」「空メールを送してクーポンゲット」など、マーケティングのために ID と紐づけて個人情報を収集しようとする試みが行われています。どのような収集が行われているか体験談を出し合ってみましょう。また個人情報保護法の観点から、その収集方法は妥当と言えるのか考えてみましょう。

演習 3.　ディジタルデータが大きな資本価値を持ちつつあります。GAFA が、マーケティングで収集したデータを用いたサービスを展開していることがわかる例としてどのようなものがあるか調べてみましょう。

演習 4.　GDPR が制定された背景には、GAFA に対する危機意識があると言われています。どのようなことが問題と考えられているのか、調査してみましょう。

演習 5.　訪れた Web サイトで、「このサイトが Cookie を使用して個人情報を管理することに同意しますか。」といった表示が増えています。なぜこのような同意を求める必要があるのか、考えてみましょう。

演習 6.　個人情報保護法は、個人情報の二次活用を促進するために改定が行われています。改定前の個人情報保護法では、どのような点が活用の障害になったのか、調べてみましょう。

演習 7.　個人情報保護法において、収集した個人情報を断三者に提供する際に、行うべきとされる匿名加工にはどのようなものがあるか、調査してみましょう。

演習 8.　匿名化の手法によっては、匿名加工情報であっても、他の情報と照合することで個人が識別できてしまうことがあります。このような場合、第三者に匿名加工情報を提供するにあたり、個人情報保護法ではどのような取り扱いが求められているでしょうか。また、匿名加工情報から個人が特定できない場合はどうでしょうか。

第 10 章

ネットビジネスと情報コンプライアンス

10.1　ネットワークビジネス

インターネットの商業利用が可能になって以来、ビジネスにおいてインターネットを利用することは、もはや常識となっています。テレビの広告でも「詳細は Web で検索」となっていたり、通常番組でも連動コンテンツを QR コードなどで案内しています。企業と顧客の間の通信だけでなく、企業と企業の間の連携でもネットワークが利用されます。また少数の大手企業がプラットフォーマーとしてのビジネスを展開してます。

プラットフォーマーとは、例えば、他の企業のビジネスの舞台を提供する、自分のアプリケーション基盤の上で多種多様なサービスを展開して顧客の囲い込みを狙う、といったものです。こういったプラットフォーマー企業のところには、大量の個人情報やマーケティング情報が蓄積されます。企業によっては、これらのデータに基づくマーケティング分析の結果を他社に提供するビジネスとして展開しているところもあります。

ここでは、皆さんが顧客として接する機会が多い**インターネットショッピング**、**ネットオークション**、**定額制配信サービス**を取り上げます。

10.1.1　インターネットショッピング

インターネットショッピングは、インターネットを介して買い物ができるサービスのことです。次のような特徴があります。

- 自宅に居ながらにして欲しいものを購入することができるため、近くに取り扱い店がない商品でも入手できる。
- 複数の通販サイトを比較し、最も価格の安いところから購入できる。
- 店舗から遠く離れた顧客層をターゲットにできる。
- すべての在庫商品を店舗に実際に陳列する必要がなく、また、商品の保管場所を店舗の近くに用意する必要もないことから、取扱商品のバリエーションを増やすことができる。

このように利用者、店舗側ともにメリットがある一方、様々な社会問題の遠因になっているとも言われています。例えば、商品の配送は宅配便などで行われるため宅配業者の人手不足、実店舗の廃業による商店街の衰退などです。

10.1.2　インターネットオークション

　オークションは、出品されている物に一番高い値段を付けた人が取得できる仕組みであり、サイト運営者、出品者、入札者（落札者）からなります。利用者は出品者か入札者として参加することになります。インターネットオークションはあくまでも個人売買が原則ですので、インターネットショッピング以上に自己責任が求められます。

　インターネットオークションではジャンル毎に分かれていることが多く、ごく一部のコミュニティの人だけが欲しがるような物であってもきちんと価値が評価され、近所のリサイクルショップよりも高値がつくことがあります。

10.1.3　定額制配信サービス

　動画や音楽などを定額料金で無制限に視聴できるインターネット配信サービスが急増しています。利用者の立場からは定額で視聴し放題というのは、非常に魅力的です。最初は、お試し期間として無料で加入できることが多く、退会の意思表示を特にしなければ、そのまま課金プランに移行することが多いようです。実はあまり利用していないのに、気づかないまま毎月支払いが発生していないかどうか、注意しましょう。

　インターネット配信ならば、テレビや映画館といったメディアを使わなくとも、個人が自作のコンテンツを配信できるため、資金の少ない新たなクリエーターでも参入でき、市場の活性化につながると言われていました。しかし定額ネット配信では、作品を配信したあとの視聴者数や評価などの反響が見えづらくモチベーションにつながらない、またネット配信業者が受け入れたコンテンツしか配信されないため、コンテンツビジネスの発展を逆に阻害しているのではないかという意見も出始めています。

10.1.4　金銭トラブルに注意

　ネットショッピングやネットオークションは金銭の受け渡しがあるため、様々なトラブルになることがあります。

信頼できるサイトかどうか十分調査する。

　　　　特に大手の通販サイトでない場合には、価格（送料）、支払い方法、商品に引渡し時期、返品・交換の可否、販売業者の名称、住所などの連絡先がしっかり書かれているか、事前に確認しましょう。クレジットカード番号の入力画面がHTTPSに対応していないなど、信頼できない兆候がある場合には、魅力的なサイトであっても避けた方が安全です。

売買の記録を保存する。

　　　　あとでトラブルが生じた場合の証拠となるので、取引条件、注文内容、確認メールなどは、少なくとも売買が完全に終了するまではきちんと保存しておきましょう。

10.2　決済手段

ネットビジネスにおける決済は、銀行口座振り込み、商品受け取り時に配送業者に代金を渡す「代金引換」、クレジットカードなどを利用した電子決済など、様々な選択肢があります。ここでは電子的な決済手段について詳しくみてみます。

10.2.1　電子決済（キャッシュレス決済）

電子決済とは、硬貨や紙幣といった現金ではなく、電子的なデータのやり取りで決済を行う仕組みのことです。乱暴な言い方をすれば、当事者の銀行口座間のお金の移動の指示をすることで支払いを行います。クレジットカードやデビットカードのオンラインでの利用も電子決済といえます。最近急増しているのは、スマートフォンの専用アプリを銀行口座などと紐づけておき、店頭で QR コードの読み取りを通して、お店側の口座や振り込み金額の処理を行うスマートフォン決済が急増しています。

10.2.2　電子マネー

電子マネー（electronic money）とは、いわゆる「日本円」などの法定通貨をディジタル的に記録し、電子的なデータのやり取りによって決済に使用するものです。現金をあらかじめチャージしておく前払い（プリペイド）方式やクレジットカードや銀行口座と連携させた後払い（ポストペイ）方式があります。主な電子マネーには交通系会社や小売流通企業が発行するものがあります。一般的に、電子マネーを発行した企業が決済システムを提供するため、その決済システムを導入したところでしか使えません。どこでも使用できる現金とは少し異なります。

10.2.3　暗号資産（仮想通貨）

国の中央銀行が発行する法定通貨はその価値を国が保証します。通貨の価値はその国の経済状況によって高くなったり低くなったりします。法定通貨を拠り所とする電子マネーは、発行する国の経済状況の影響を受けます。

これに対して、仮想通貨は特定の法定通貨に依らない電子的な貨幣です。仮想通貨を使うと、インターネット上で世界中の人と直接取引することが可能です。代表的なものには BitCoin があります。BitCoin は特定の国や銀行、企業に縛られずに非中央集権的に管理される仕組みになっており、需要と供給のバランスによってその価値が決まります。

最近では仮想通貨を含むディジタル的にやり取りできる財のことを「暗号資産 (crypto asset)」と呼ぶようになりました。「暗号資産」という言葉は「仮想通貨」より少し広い意味を持つことに注意しておきましょう。

10.3　情報コンプライアンス

10.3.1　コンプライアンスとは

　「コンプライアンス（Compliance）」は「法令順守」と訳されることが多いですが、順守対象は法令だけでなく、社会通念や倫理、道徳も含むと考えるのが一般的です。そのため意味的には「規範順守」のほうが適切かもしれません。具体的には、組織内でルール、マニュアル、チェックシステムなどを整備し、法律や社会規範、内規などのごく基本的なルールに従って行動することです。

　情報技術は日常生活から国家経済に至るまでありとあらゆる産業において利用されるようになっています。そのため情報システムにおけるトラブルが発生すると、社会に大きな被害を与えることになります。特に情報システム同士も連携するようになっているため、あるシステムのトラブルが想定を超えて広範囲に影響を与えることもあります。

　情報システムが正常にトラブルなく機能するためには、システムの構築業者だけでなく、営業部門や経理部門など，システムを利用する人々も適切に操作することが重要です。すなわち「技術者」ではない「一般の人」であってもコンプライアンスが求められる時代になっています。

10.3.2　情報に関する倫理と法律

　倫理は、これまでの人類の歴史の中で培われて来た物事の善悪の判断基準です。一方、法律は社会生活がスムーズに行われるように明文化されたルールです。多くの法律は倫理に根ざして作成されています。明文化することによって、人によって あいまいになりがちな善悪の境界をはっきりさせ、違反した場合の罰則なども規定しています。しかし法律の中には倫理に基づかないものもあります。例えば、交通法規の「車両は道路の左側を通行すること」といったルールは、善悪で決まっているわけではありません。したがって、倫理と法律・規則の関係を図に表すと、図 10.3.1 のように互いに少しズレて重なり合っている関係といえます [33]。どちらかが他方を包含しているという訳ではありません。

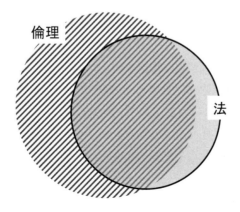

図 **10.3.1**　倫理と法の関係

明文化されていない倫理の部分には罰則がなく、強制力もありません。「自分を律すること ができる心」「誰も見ていなくても、正しいと考える態度がとれる」という心のあり方が求められます。

インターネット社会も現実の人間社会の一部ですから、当然法の支配の下にあり、お互いが快適に過ごすためのモラルも必要です。しかし情報技術の進歩は早く、既存の法律ではうまく解釈できない問題が新たに発生することがあります。このような場合、これまで「有識者」とされる人々であっても正しく問題点を理解できず、その「よく理解していない人々」の意見がメディア等を通して一人歩きすることがあります。

法律も、問題が起きてから対処法を考え、急遽改定しているような状況です。つまり情報社会の「常識」は流動的な部分があるのです。このような状況のもとでは「禁止する法律がないから許されているんだ」と考えるのではなく、これまでの生活で身につけた価値観と倫理観に基づいて考え、善悪を自分自身で判断していくことが求められます。

話をさらに難しくするのが国による違いです。法律は国毎に異なります。倫理もまた文化的背景が影響する側面があるため、ある国の「常識的な倫理」が他国では通用しないことがあります。インターネットを通じて国境を越えたサービスが行われている状況では、国による「常識の違い」を意識し事前にルールを明文化しておくことがトラブルを防ぐために必要になってきます。

10.4　情報セキュリティポリシー

大学や企業などの組織では、「情報セキュリティポリシー」を制定しています。これは、組織に所属する個人レベルの情報セキュリティの強化ばかりでなく、組織全体の存続の観点から、情報セキュリティ絡みのダメージを最小限に食い止めることを目的としています。情報セキュリティポリシーでは、法律で違法とされている行為を禁止するだけでなく、組織独自の様々なルールを定めています。

「情報漏洩」

企業が保有する個人情報や機密情報が外部に出てしまった場合、「情報漏洩」「情報流出」といった表現が使われます。「情報漏洩」の原因には様々なものがありますが、外部からの不正アクセスによって情報が盗み出された場合、これは正確には「情報の窃盗」です。「情報漏洩」「情報流出」という言葉は、「対策を何も行っていなかった」あるいは「盗まれた方が悪い」というニュアンスが感じられます。まず非難されるべきは不正アクセスを行った犯人ではないでしょうか。実際に対策を何もしていなかったのなら問題ですが、それなりに対策をしていたのに被害にあった場合には、「セキュリティに絶対はない」ことを考えると、被害者だけを責めるのは筋違いのように思います。

10.4.1 コンプライアンス違反事例

以下では、コンプライアンス違反の事例をいくつか見てましょう。

事案 1

とあるキャンペーンにおいて、キャンペーン当選者へのメール送付を行なった際に 127 名のメールアドレスが流出した。原因は、メール送信の委託先であるサイト運営会社において「BCC:」で送ることになっていたところを「TO:」で送ってしまったことだった。

事案 2

コールセンター運営企業の契約社員が、10 人以上の氏名、クレジットカード番号、有効期限、セキュリティコードなど、カード利用に必要な情報を不正に入手し、これを利用して約 860 万円相当の買い物をした。

事案 3

とある病院の職員が、診療情報の入った USB メモリを紛失した。USB メモリに含まれていたのは脳神経外科手術 33 例の ID・氏名・性別・手術日・腫瘍の大きさ・検査データなどの個人情報である。USB メモリにはパスワードが設定されていなかった。職員による USB メモリの持ち出しはセキュリティポリシーで禁止されていた。

事案 4

前年度までとある部署に所属していた職員が、所属していた部署のファイルサーバにアクセスし、後任の職員に無断で 1414 件の書類データを消去した。動機は、後任の職員が苦労せずにデータを使用するのが許せなかったから。

事案 5

HDD のデータ消去・破壊を行う専門業者の社員が、情報漏洩防止のために破壊依頼されていたサーバ用 HDD を社外に持ち出し、オークションに出品した。落札者が HDD に対して復元ソフトを実行したところ、官公庁の文書ファイルが大量に復元された。

10.5　演習問題

演習 1.　プラットフォーマーにはどのような企業があるか、調べてみましょう。

演習 2.　プラットフォーマーに対しては、通常の企業よりも厳しい制約を課す動きがあります。なぜ制約する必要があるのか考えてみましょう。

演習 3.　最近の情報コンプライアンス違反の事例を調べてみましょう。それは法律に違反したのでしょうか。それとも倫理的な問題だったでしょうか。

演習 4.　企業が外部からの不正アクセスを受けて顧客の情報が盗まれた場合、その企業が謝罪会見をすることがあります。なぜ被害者が謝罪しているのでしょうか。

演習 5.　顧客情報の流出が発生した場合、顧客に対する謝罪を金銭的に行うときがあります。一人当たりの金額はどのくらいでしょう。また企業が支払う総額はどのくらいでしょうか。

演習 6.　ネットビジネスの中にはビッグデータを扱うところがあります。どのように活用しているか調べてみましょう。

演習 7.　アルバイト先で顧客の個人情報に触れる機会があると思います。個人情報の取り扱いについて、どのような規則があるか確認してみましょう。

第 11 章

著作権とソフトウェアライセンス

11.1　知的財産権

　音楽、映像、ノウハウ、アルゴリズム、ドキュメント、論文、発明、特許、デザインなど、高い価値があるけど実体がないもの（無体物）が多くあります。目に見えないこれらの価値を、一般に無体財産あるいは**知的財産**といいます。知的財産をつくり出すためには材料費などかからないかもしれませんが、大変な知的労働が必要となります。

　「財産的価値を有する情報」は容易に模倣されたり、利用による消費がなく、多くの人が同時に利用することができます。しかし、無制限な利用や、逆に秘匿してしまうことは、文化（人間社会）の発展を損ねることにつながります。そこで**知的財産権**という考え方が出てきます。「知的財産を作り出した人に対して一定範囲の権利を保証することによって、社会全体としての文化の発展を促す」、つまり「新しいことを考え出す人を社会で称賛しよう」というものです。

　知的財産権は図 11.1.1 のように、著作権、特許権などの産業財産権、その他に分類されます。

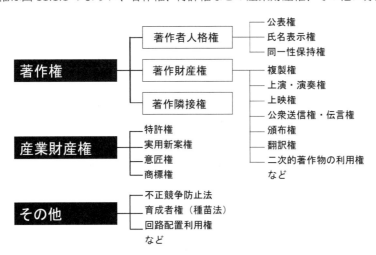

図 11.1.1　知的財産権の分類

11.2　著作権

　著作権法は、著作物に対する著作者の権利を決めることによって、公正利用と著作権者の保護のバランスを取ることを目的としています。著作権法はもともとは印刷物が対象でしたが、技術の進歩に合わせて何度も改正が繰り返されており、コンピュータソフトウェアなども保護の対象となっています。現在もインターネット上で新たな社会的に大きな問題が生じると、改正の動きが活発化しています。

　著作者の権利は、大きく以下の 3 つから構成されています。

- 著作者人格権 ── 人格的な利益を保護するもの
- 著作財産権 ── 財産的な利益を保護するもの
- 著作隣接権 ── 著作者以外で著作物の伝達を行う者の権利を保護するもの

　「著作者人格権」は著作者だけが持っている権利であり、譲渡したり相続したりすることはできません（一身専属権）。この著作者人格権には表 11.1 の権利が含まれています。著作者人格権は著作者の死亡とともに消滅します。しかし、著作者の死後においても、もし生存していれば著作者人格権の侵害となるような行為（例えば内容やタイトルの改変など）をしてはならないことになっています。

　「著作財産権」には多くの権利が含まれています。代表的なものについては表 11.2 に示します。著作財産権は著作者人格権とは異なり、その一部又は全部を譲渡したり相続したりできます。巷で「著作権を譲渡した」というのは、この著作財産権を譲渡したということです。著作財産権を譲渡または相続した場合、著作権者は著作者とは異なる人になります。

┌─ 著作権を主張するには ─────────────────────────

　日本では、著作物の著作権は「著作物を作った瞬間」に自動的に発生します。これは「無方式主義」と呼ばれます。しかし外国の中には無方式主義ではないところもあります。そのような国では著作権表示を行なわないと、著作権を主張していないとみなされることもあります。そのため、どこの国に持っていっても大丈夫なように、ほとんどの著作物には以下のような著作権表示がなされています。

> Copyright 2019 牛若 利恵 All rights reserved
> ©牛若 利恵 2019

└──────────────────────────────────────

表 11.1　著作者人格権

公表権（第 18 条）	自分の著作物でまだ公表していないものを公表するかどうかを決定できる権利。公表するとすれば、公表する時間、方法、形式などを決めることができる権利。
氏名表示権（第 19 条）	自分の著作物を公表するときに著作者名を表示するかどうかを決定できる権利。表示するとすれば、実名か変名かを決めることができる権利。
同一性保持権（第 20 条）	自分の著作物の内容や題名を自分の意に反して勝手に改変されない権利。

表 11.2　著作財産権

複製権（第 21 条）	著作物を印刷、写真、複写、録音、録画などの方法により複製物を作る権利
公衆送信可能化権等（第 23 条）	著作物を公衆送信したり、公衆送信された著作物を公に伝達する権利
頒布権（第 26 条）	映画の著作物を公に上映したり、頒布（販売・貸与など）する権利
二次的著作物の利用権（第 28 条）	翻訳物、翻案物などの二次的著作物を利用する権利。二次的著作物については、二次的著作物の著作者だけでなく、原著作者も権利をもつ。

11.2.1 クリエイティブ・コモンズ・ライセンス

著作権の考え方は、もともとの copyright という言葉からもわかるように、「複製する権利（right to copy）」を制御することで知的財産を守ろうとするものでした。しかしインターネットの時代には、ディジタル情報の複製が極めて容易であることを積極的に活用し、自分の作品をみんなに利用して欲しいと考える人が出てきました。このように「著作権を放棄せずに利用を許諾」するためには、従来の著作権の枠組みでは利用者が著作権者の許可を個別に得るしかありませんでした。これではインターネット時代のスピードに対応できません。そこで提案されたのが Creative Commons ライセンスです。

Creative Commons（以下 CC）とは、インターネット時代に即した新しい著作権ルールとライセンスを策定し、その普及を図る国際的な非営利団体です[1]。

CC が策定したライセンスは「クリエイティブ・コモンズ・ライセンス」と呼ばれており、著作権者自身が利用者に対して「この条件を守れば私の作品を自由に使ってよいですよ」という意思表示をすることができます。作品の利用のための条件は「表示（BY）」「非営利（NC）」「継承（SA）」「改変禁止（ND）」の 4 項目です。このうち表示は必須で、これに他の条件を組み合わせてできる 6 種類の CC ライセンスがあります。

表 11.3　6 種類の CC ライセンス

ライセンス	条件	アイコン
CC BY	表示	
CC BY-SA	表示-継承	
CC BY-ND	表示-改変禁止	
CC BY-NC	表示-非営利	
CC BY-NC-SA	表示-非営利-継承	
CC BY-NC-ND	表示-非営利-改変禁止	

CC ライセンスの表示には表 11.3 に示すアイコンを用いるのが一般的ですが、作品に「ディジタルコード」として電子的な情報を付加することもできます。このディジタルコードをプログラムが読み取ることで機械的に作品を分類できます。これを利用すると、検索サイトなどにおいて CC ライセンスを検索条件として検索することができます。

---

[1] 日本法人は Creative Commons Japan です。http://creativecommons.jp/

11.2.2　他人の著作物を利用する

　他人の著作物をそのまま丸ごと拝借して利用することは著作権法上の「複製」に該当します。著作権法では、複製をしたい利用者は著作権者に許諾を求める必要があると定めています。しかし同時に、利用者に対して著作権者が行き過ぎた制限を加えないように、利用者が著作者の許諾を得なくても著作物を複製できる範囲を定めています（著作権法第 30 条〜）。これらに該当すれば、権利者の利益を不当に害さない範囲で、個別の許諾を得ることなく著作物を利用できます。例えば、以下のようなものです。

(a) 私的使用（個人的に又は家庭内などの範囲で利用する）のための複製（第 30 条）

　　この「（個人的に又は…利用する）」の部分はかなり狭く解釈されます。例えば友人のために著作物を複製することは、「私的使用のための複製」にはなりません。

(b) 引用のための複製（第 32 条）

　　「その引用は、公正な慣行に合致するものであり、かつ、報道、批評、研究その他の目的上正当な範囲内で行われるものでなければならない」という制限がついています。
　　具体的には、以下のすべてを満たす必要があります。

- 引用される著作物が既に公表されていること
- 引用部分とそれ以外の部分とが明瞭に区別されていること
- 自分の著作物が「主」、引用する著作物が「従」の関係であること
- 引用する「必要性」があること
- 出典を明示すること

(c) 学校などで授業に使う目的での著作物の複製（第 35 条）

　　これも無制限に許されるのではなく、「著作権者の利益を不当に害しない範囲で」という制限がついています。例えばゼミ資料として書籍をまるまる一冊コピーするのは許されません。また、他人の著作物を取り込んだ教材を e-Learning システムで配信する場合にも一定の手続きが必要です。

　これらの条件のどれにも当てはまらない場合には、著作権者の許諾を得る必要があります。

11.3　ソフトウェアの著作権とライセンス

ソフトウェアはディジタル情報なので、原理的に、簡単に複製することができます。この性質を利用して、インターネットからダウンロードすることもできますし、インストールメディアから複数のパソコンにインストールすることができます。しかし利用者の手元で無制限に複製されると、ソフトウェア作成者の利益が損なわれることになります。

11.3.1　著作権法上のソフトウェアの扱い

利用者によるソフトウェアの複製を禁止するため、著作物の複製権を制限する法律である著作権法を改定し、ソフトウェアも保護対象とするよう改訂が行われました。

しかし著作権の本来の趣旨に照らすと、いくつかの問題があります。

例えば著作権法では通常、私的利用目的での複製を認めています。ソフトウェアを私的に利用するため、複数のパソコンにインストールするのは OK なのか、OK ではないのか。また複数人が同時に利用できるコンピュータもあります。インストールされたソフトウェアとしては「1 つ」でも、同時に 50 人が利用できるとしたら「1 つ分の代金」というのはソフトウェア作成者としては納得いかないでしょう。

また著作権法が保護するのは、あくまでも「表現」としてのプログラムです。処理の本質である**アルゴリズム**は保護の対象ではありません。そのためライバル会社が他社のプログラムを解析（リバースエンジニアリング）してアルゴリズムを調べ、同じアルゴリズムを利用してプログラムを作成しても、著作権法上は許されることになってしまいます。

このようにプログラムは著作物ではあるのですが、著作権法の枠組みの中でソフトウェア作成者の利益を保護するのは実質的には難しいと言わざるを得ません。

11.3.2　ソフトウェアの利用契約

ソフトウェア製作者が、自身の利益を実質的に保護するために使用しているのは**売買契約**における契約条件です。具体的には契約条件の一部として「利用許諾条件への同意」を求める形になっています。

ソフトウェア製作者は、利用許諾条件への同意に対して、ソフトウェアの条件内での利用を許諾します。これをライセンスといいます。許諾されていない場合には「ライセンスがない」ことになり、違法行為となります。

利用者にとってより使いやすい形にするために、利用許諾条件の中で、コピー作成の可否、インストール台数の制限、同時利用台数の制限、リバースエンジニアリングの禁止など、様々な条件を設定することができます。

11.3.3 オープンソースソフトウェア

　ある種のソフトウェアでは、実行プログラムのもととなったソースコードが公開されることがあります。こういったソフトウェアをオープンソース（Open Source Software; OSS）といいます。OSS は著作権を放棄しているわけではありませんが、二次的著作物を含めて利用・再配布・改変などを自由に行える独自のライセンス形態が用いられています。こういったライセンスの代表例として GPL（GNU General Public License）があります。GPL では、従来のCopyright に対してコピーレフト（Copyleft）という権利を主張しています。

　現在のインターネット技術の発展は、コピーや改変を許すこれらのソフトウェアの存在によるところが大きいと考えられます。ソフトウェアを使用するときには、著作者の意志を尊重して取扱うようにしたいものです。

11.3.4 クラウドサービス

　パソコンにソフトウェアをインストールするのではなく、インターネット上のサービスを利用する形態も増えてきています。これらを一般にクラウドサービスと呼びます。サービスの内容は、ファイルを置く場所を提供してくれるストレージサービスや、Web サーバのホスティングサービス、メールサーバとしてのサービスなど多岐に渡ります。クラウド上のアプケーションは Web ブラウザだけで利用できる場合もありますが、より高機能に、あるいは、より使いやすいインタフェースを提供するために専用アプリを提供している場合もあります。

　クラウドサービスの場合にも様々な利用条件があります。クラウド上のオンラインストレージやグループウェアを利用するときには、次のような点に気をつけましょう。

強い認証を使用する

　　　クラウドサービスは世界中からアクセス可能なため、弱いパスワードをつけていると簡単に侵入されてしまいます。なるべく強いパスワードを付け、多要素認証などが利用できるなら有効にしましょう。

共有設定を確認する

　　　世界中からアクセスできるという性質を活用して、利用者間での情報共有できる仕組みが提供されていることがあります。共有設定の範囲を正しく設定しましょう。

データやアプリケーションが手元にないことによるリスクを理解する

- クラウドサービスは 24 時間 365 日の運用を謳うことがほとんどですが、サーバまでの通信路で障害が発生するかも知れません。クラウドサービスにアクセスできないと業務に支障が出るリスクがあります。
- 経営上の理由でサービスが突然終了してしまったら、保存されていたデータを失うことになります。また稀に事故によって、クラウドサービス上のデータが全消滅する事例もあります。失われては困るデータは手元のストレージにもバックアップしておきましょう。

11.3.5 包括ライセンス

　職員や学生が使うソフトウェアを大学側で一括して契約している場合があります。利用者が多いソフトウェアの場合には、パソコン 1 台 1 台で使用するソフトウェアを個別に購入するよりも割安になる可能性が高く、またライセンス違反の心配も少なくなります。大学が一括して代金を支払っているため、学生や教職員は無償でインストールすることができます。

　一人当たりインストールできる数や、インストール先のパソコンの条件、ソフトウェアを利用できる人の条件など、ライセンスの詳細は個別の契約によって様々に異なります。

11.3.6 ソフトウェアの不正利用

　正規のソフトウェアをライセンスに従って利用していれば何も問題はありませんが、ライセンスについて無頓着でいると、知らないうちに違法行為をしている危険性があります。ソフトウェアの不正利用には例えば次のようなものがあります。

海賊版ソフトウェアの利用

　　　正規のソフトウェアのライセンス情報部分を不正に書き換えたものを海賊版ソフトウェアと呼びます。海賊版ソフトウェアは、一見正規版と見分けがつかないパッケージで正規版に比べて非常に安く販売されていたり、インターネット上の不正サイトからダウンロードできたりします。なおインターネット上からダウンロード可能なものにはマルウェアが混入されていることが多いと言われています。

ライセンス違反

　　　正規のソフトウェアでも、ライセンスで許諾された使い方ではない場合にはライセンス違反となります。1 台までしかインストールを認めていないソフトウェアを、職場全体のパソコン数百台にインストールして使っていた、などです。

　　　高額なソフトウェアの場合には、同時実行可能な台数をライセンスサーバで管理するものもあります。この場合、インストールは何台でも可能になります。ライセンスサーバを持たないソフトウェアの場合には、インストール状況を適切に管理する必要があります。

有効期限が切れている

　　　期限を区切って利用を許諾するサブスクリプション方式のライセンスの場合には、期限を過ぎてからも使い続けるとライセンス違反となります。通常は、期限が切れると、動作しなくなったり機能が制限されたりしますが、そうでないソフトウェアの場合には注意が必要です。

　海賊版ソフトウェアの利用や、悪質なライセンス違反が発覚した場合には、メーカーから多額の損害賠償請求を受けることがあります。

11.4 演習問題

演習 1. 重大なライセンス違反事例を調べてみましょう。違反の内容、損害賠償金額などはどうなっているでしょうか。

演習 2. 著作権法の最近の改正にどのようなものがあるか調べてみましょう。どのような社会問題が、著作権法の改正の背景にあるでしょうか。

演習 3. 街中で写真を撮ったところ、背景に他人の著作物が映り込んでいました。その著作物の使用許諾を取る必要があるでしょうか、それとも特に断る必要はないでしょうか。それは著作権法上、どこで規定されていますか？

演習 4. CC ライセンスの 6 種類の基本形について、条件を詳しく調べてみましょう。二次加工して有料で販売する書籍のなかで使用できるのは、どのライセンスでしょう。

演習 5. GNU GPL について、どのようなライセンスか調べてみましょう。

演習 6. 身近なソフトウェアの利用許諾条件を読んでみましょう。

演習 7. アカデミック版として販売されているソフトウェアのライセンスはどうなっているのか調べてみましょう。

- 購入する人が教育機関関係者（教職、学生）であればアカデミックプライスで購入できる。教育機関関係者でない者が利用しても問題ない。
- 教育機関関係者のみが購入可能かつ利用可能。卒業後も利用できる。
- 教育機関関係者のみが購入可能かつ利用可能。卒業後は利用不可。
- 教育機関関係者であっても、教育目的での利用に限って利用可能。

演習 8. 教員が授業中に使用する講義資料に他人の著作物を使うことは、著作権法上、どういう扱いになっているか調べてみましょう。

- 他人が著作権を有する画像を、プリントの中に使用して配布する
- 他人が著作権を有する画像を、講義スライドとしてスクリーンに投影する
- 上記の講義映像を録画し、受講学生がいつでも閲覧できるようにする
- スライドを PDF 化したものを e-Learning の Web システムにアップロードし、受講生にダウンロードさせる
- 上記の講義映像を録画し、大学 Web 上で一般向けに公開する

第 12 章

情報の受信と発信

12.1　情報の信憑性

　私たちは、意識的にあるいは無意識のうちに脳内に情報をインプットして、意思決定と価値判断の材料にしています。このとき、ある情報を信用するか否かはどうやって判断しているのでしょう。

　情報の信憑性を判断するには、その情報を批判的に解釈することが必要です。「批判」という言葉の本来の意味は**「物事の可否に検討を加え、評価・判定すること」**です。物事の可否を検討する際には、多様な視点を比べて客観的に判断することが重要です。また情報の内容だけでなく、その情報に付随するバックグラウンドに対する洞察力が必要です。情報を発信するときのバックグラウンドとは、例えば次のようなものです。

- 誰が
- どんな背景・文脈・話の流れで
- どんな立場・視点から
- 何を意図して
- なぜそのタイミングで
- その情報を発信したか（あるいは発信しなかったか）

12.1.1　フェイクニュース

　大手マスコミが取り上げる情報であっても、ときには間違っていたり、意図的に偏った報道を行っていたりすることがあります。そういった虚偽のニュースを「フェイクニュース」と呼びます。その一方で、「自分に都合が悪いニュースを（真実か虚偽かどうかに拘らず）すべてフェイクニュースとして非難する」といったことも行われています。つまりフェイクニュースという言葉自体が本来の意味で使われていないケースもあるのです。

　報道内容が真実か否かは、かつては「証拠写真」や「証拠映像」という形で検証することが可能でした。しかし現在では画像や映像の編集／加工技術が驚異的に進化したため、捏造された画像や映像であっても見抜くことが極めて困難になってきました。映像が示されたとしてもそれだけで信用してしまうことは危険です。

12.1.2　ステルスマーケティング

マーケティングでは、自社製品の広告を行うことはよく行われています。広告では基本的に良い面を主張し、悪い面については特に言及しないのが普通です。

利害関係のない第三者の立場からの情報であれば、「良い面と悪い面」の両方の情報が得られ、より客観的な判断材料にできるかもしれません。これが、多くの通販サイトにおいて、参加者が商品や出品者に対する評価やコメントを残せる機能を提供する理由です。しかし一見「客観的な評価」のような錯覚に陥りがちですが、これらはあくまでも「主観的な評価の集合」にすぎません。口コミが意図的に生成されていた事例がいくつも見つかっており、「主観」かどうかすらも怪しい状況になっています。

ブログなどにも同じ問題があります。企業等から対価を受け取って、その企業とは一見独立なブログでその企業の製品の良い評価を発信することが行われています。

こういった宣伝と気づかれないように宣伝する手法は、**ステルスマーケティング**と呼ばれ、問題視されています。

12.1.3　擬似科学

一見すると科学的に見える主張で、実は間違った情報も社会に蔓延しています。擬似科学では、こういった検証や反証ができない形で主張することが多いようです。多くの虚偽のニュースでは、「科学的に証明されている」というフレーズで、真実であると信じ込ませようとしています。そのため「○○大学○○先生も絶賛」などとアカデミックな立場にある人の肩書を利用することもしばしばです。

科学的に正しい説明はできるけれども、あえて不正確な説明をしている場合もあります。これは擬似科学ではありません。説明が専門的になりすぎるため、一般の人向けに単純化して説明していることが多く、新聞の科学欄でよく見受けられます。しかし新聞記事の場合、注目させたい一面を強調して記述することもあり注意が必要です。例えば薬の副作用を取り上げる記事では、危険性のみが強調されてしまい、本来の効果の大きさについて正しい理解を阻害する一因にもなっています。

ある時点では正しいと信じられていた仮説が、その後の研究で間違いだったと判明することはよくあります。こういった検証、反証をだれもが繰り返し確認できることで、科学は発展してきました。気を付けないと、簡単に言いくるめられてしまいます。

12.1.4 統計の嘘

統計の嘘は、一見科学的な説明で誤った印象を与えるものとして有名です。客観的なデータ処理を行った結果を見ているという思い込みがあるため、統計処理の結果を示されると、それを鵜呑みにしてしまいかねません。しかし実際にどういう計算を行ったのか、自明ではないことが多々あります。

例えば、各大学では大学全体あるいは各学部単位で「就職率」を公開しています。この「就職率」は「全体」における「就職した人数」の割合で計算します。では「全体」とは何でしょう。様々な考え方があります。

- その卒業年度の学生の入学時の学生の数
- その卒業年度の在籍学生の数（休学、留学確定者を含む）
- その卒業年度の卒業予定者の数
- その卒業年度の学生のうち就職を希望した学生の数（つまり進学希望者を除く）

どれを使ったのかは一般に公開されていないので、これでは公平に比較することができません。

12.1.5 誤解を招くグラフ

グラフを利用すると文章や表で説明するのに比べて、全体の傾向などを直感的に捉えることができます。そのため、視覚的な効果を恣意的に利用することにより、本来の情報とは異なる印象を与えることができます。

図 12.1.1 はある都市の 5 年間の人口推移を棒グラフで表したものですが、右側のほうが急激な人口減少が起きているような印象を受けます。しかし実際には同じデータを表示しています。

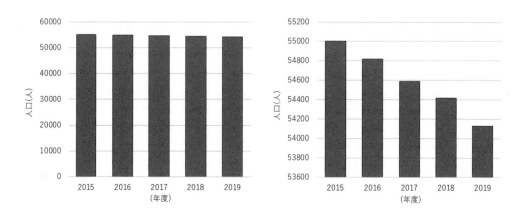

図 **12.1.1** 棒グラフを用いた印象操作の例

また立体的なグラフでは遠近法によって手前にあるものがより大きく表示されるため、同じ値のデータであっても視覚的には同じに感じません。情報を客観的に伝えたい場面では立体的なグラフの使用は避けるべきです。

12.1.6 データの解釈がおかしい

　根拠とするデータには特に問題がないのに、その解釈が正しくないことがあります。場合によっては意図的にやっていることもあり、注意が必要です。

　例えば図 12.1.2 は、ある事象 A と事象 B の関係を示したものです。このように、事象 A と事象 B の間になんらかの関係があるように見えるとき、**相関**があるといいます。

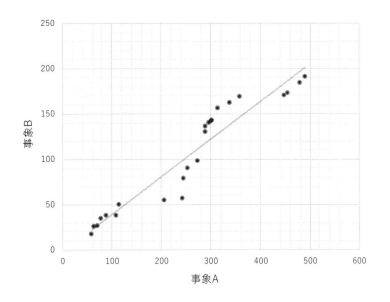

図 12.1.2　事象 A と事象 B

　しかし、この結果から事象 A が原因となって事象 B が発生している、と断言することはできません。このような相関関係が観測された場合、以下のように複数の状況が考えられます。

- 事象 A が事象 B の原因である（因果関係にある）
- 逆に 事象 B が 事象 A の原因である（因果関係にある）
- 第 3 の要因 C があり、実際には 事象 A も 事象 B も C が原因である。(事象 A と事象 B には因果関係はない)
- 単なる偶然であり、たまたまそういう結果が観測されたに過ぎない。

　このうち どれが正しいかは、他に関連しそうな周辺要因を調べたり、サンプル数を増やしたり、事象 B から事象 A の関係を説明できるかどうか仮説を立て検証する、など、様々な観点からのアプローチが必要です。

12.2　騙されないようにするために

12.2.1　情報源を確認する

　情報を客観的に判断するためには多様な視点を比べることが大切ですが、収集した複数の情報が、実は同じ情報源から派生していた、などということもあります。ある情報が最初に発信された場所を「一次情報源」「一次ソース」と呼びます。

　インターネットでは、他の人がコンテンツを自分のコンテンツ内に取り込んだり、「リンク」で相互参照が簡単にできます。あちこちに分散している情報をわかりやすくまとめた「まとめサイト」などもある一方、分散している情報へのリンクを単に寄せ集めただけのリンク集的なサイトもあります。ひどい時には他のページの内容を丸パクリして、自コンテンツのように見せかけている場合もあります。

　また Twitter では衝撃的な内容は非常に早く拡散します。多くの人がリツイートしているからといって必ずしも真実であるとは限りません。最初にツイートしたのは誰なのか、その根拠はどこにあるのか、なるべく確認しましょう。

12.2.2　情報の鮮度を確認する

　ある時点で発信された情報が、時間の経過とともに正しくなくなったり、あるいは間違いであることが判明したりすることはよくあります。新聞などでは訂正記事が出ることがありますが、取り扱いが小さかったり、修正内容が別の記事（ページ）に記載されたりして見逃すことがあります。インターネットでは、新しい記事も古い記事も混在した状態で同列に提示されるので注意が必要です。そもそもブログや Twitter はその時点の体験や意見を書き綴ったものなので、後日それが間違いだと判明しても修正されることは稀です。発信日時が不明な情報源の場合には、情報が古い可能性があるので、他の複数の情報源と見比べて信憑性を確認する必要があります。

12.2.3　文体に滲みでる怪しさに気づく

　意図的に読者を誘導しようとしている文章にはいくつかの特徴が見られます。

見出しがセンセーショナル

　　　　新聞や雑誌は、読者が必ずしも記事の全部を読まないことを想定して作られています。興味を引くタイトルがあれば記事の本文を読みたくなるので、しばしば意図的にセンセーショナルな表現で読者を誘導する手法が使われます。

主観的な強調表現が多い

　　　　書き手が客観的な根拠を示せないことをごまかすために、感情に訴えたり強調表現が多い文章になったりすることがあります。強く断定する言葉（「紛れもない事実」「まったく」「必ず」「絶対」「極めて」「非常に」など）を用いた表現は、主観的な表現です。

「常識」に訴えて思考停止を狙う

うまく説明できないときに、常識に訴えるような言葉（「当然」「必然的に」「いうまでもなく」「もちろん」など）を使って、発言を正当化しようとしているのかも知れません。前提とする知識（常識）をきちんと説明できるかどうか考える必要があります。

焦らせる表現が多い

マーケティングや広告などの場合には、「今だけ10%引き」「あと残り〇席」などといった表現で読者の行動を促すものが多くあります。これ自体が間違いということではないのですが、焦らせることによって冷静な判断を難しくしようとしているのかも知れません。「今このページを見ているのは〇人です」という表示が、実はプログラムでランダムに生成されていた事例も見つかっています。

12.3　情報発信

　SNSやブログ、Twitterなどで気軽に情報発信ができる時代になっています。個人が情報発信ができるということは、個人が商業メディアと対等な立場に立てるということでもあります。特に拡散力が強いソーシャルメディアでの情報発信は、予想外に大きな影響を及ぼすことがあります。

12.3.1　トラブルの例

　皆さんの中に、悪意を持って偽の情報発信を行う人はまずいないと思いますが、大学生がよく「やらかしてしまう」パターンには以下のようなものがあります。

仲間内のウケ狙い

倫理的に問題のある発言や行為なのに、ウケ狙いで投稿してしまう事件が頻発しています。アルバイト先での問題行為の場合には、企業ブランドを傷つけ臨時休業や店舗閉鎖などに繋がりかねません。威力業務妨害罪や損害賠償請求の対象となります。

社会的「悪」に対する「正義」の匿名投稿

何らかの社会的事件が発生した時に、容疑者特定として他人の個人情報をアップロードしたり、容疑者と思われるアカウントへ非難の投稿をしたり、あるいはそういったツィートをリツィートすることがあるかも知れません。社会的「悪」に対する行為なので、投稿者は自分の行為を「正義」だと思いこんでいます。しかし、実際には、容疑者ではあったけれども後日潔白が証明されることもありますし、そもそも人違いをしている可能性もあります。その場合、自分の行った行為は犯罪行為でしかなく、名誉毀損で訴えられる恐れがあります。

他国の例では、ある人物が意図的に流し流した偽の情報によって、人違いであるにもかかわらず、重大犯罪人として民衆から集団暴行を受け、殺害に至ったケースもあります。

12.3.2 発信内容に気を付ける

インターネットに情報発信をする場合には、以下のことに注意しましょう。特に日常的に投稿を繰り返していると、強く意識しないと感覚が麻痺することがあります。

発信内容は一人歩きすることを意識しましょう。

Twitter や SNS などでは友達機能があり、自分が発信した情報を仲間内だけに送ることができます。しかしきちんと設定をしないと、友達の友達にも見えていたり、全世界からアクセス可能になっていたりします。

なお友達だけに正しく限定していたとしても、その友達があなたが投稿した内容を他所に勝手にばらまくことがあります。たとえ仲間内だけの会話だとしても、万一世間に公開されても恥ずかしくないかどうか、冷静に考えてみましょう。

書き込んだ内容は半永久的に残ります。

口頭での言い争いならば「勢い余って言いすぎてしまった」としても、適切に謝罪することでしこりを残さないように解決に導いたり、時間が経過に伴って記憶が薄れていったり、などします。しかし一度インターネットに発信してしまった情報は、文字、画像、映像などとして残るために、それを見るたびに鮮明に思い出すことになります。

世界中に公開されている場合には、次々と新たな「観客」が参加してくるため、なかなか炎上が鎮静化しないことがあります。自分の書き込みを単に削除すればいいと思うかもしれませんが、一度誰かにコピー・引用されたら、インターネット上から削除することはまず不可能です。

誤解されにくい表現を工夫しましょう。

文字だけのコミュニケーションでは、書いた人の意図よりもキツい表現になりがちで、ケンカ腰に取られることがあります。Twitter では文字数が制限されているため言葉足らずになる傾向があります。違ったニュアンスで受け取られる恐れがないか、送信前に落ち着いて見直しましょう。

著作権や肖像権の侵害に気をつけましょう。

インターネット上でフリー素材として提供されているコンテンツであっても、使用条件をちゃんと読むとフリーで使える条件が意外と狭いものがあります。自ら作成した（または誰かに作ってもらった）Web ページでの肖像権侵害や著作権侵害を回避するためには、著作権侵害の恐れがあるコンテンツを載せないということが一番です。どうしても載せたいということであれば「利用許諾やライセンスを得る」必要があります。

匿名のように見えても意外と本人特定は可能です。

インターネットでは実名を出さずに交流ができる場合が多いので、なんとなく匿名ぽい感じがしてしまいますが、警察が調べればサービス事業者のアクセスログから絞り込むことは可能です。また書き込まれた内容からも意外と特定できるものです。特に身近な人が見れば、誰が書き込んだのか判ることが多いようです。

12.4 演習例

演習 1. フェイクニュースの例として、どのようなものがあるでしょうか。それらは、どのような理由で「虚偽である」と判断されたのでしょうか。

演習 2. 少し時間をかければ、本物と見紛う映像を CG で作成することが可能になってきています。このような「偽の映像」によってどのような被害が発生しているか調べてみましょう。

演習 3. Wikipedia の任意の項目について、その記載内容が正しいかどうか、調べてみましょう。

演習 4. 「詐欺グラフ」などで検索して、誤解を招くグラフの例について調査してみましょう。どのようなテクニックが使われているか議論してみましょう。

演習 5. アルバイト先の店舗で悪ふざけをした結果、店舗に多大なダメージを与える行為は「バイトテロ」などと呼ばれています。最近の事例にどのようなものがあるか調べてみましょう。またバイトテロを防止するには、どのような方法があるか、考えてみましょう。

演習 6. フリー素材を提供するインターネット上のサイトをいくつか調査してみましょう。通常の出版物のイラストとして利用することはできるでしょうか。利用できる場合、条件はあるでしょうか？

第 13 章

データサイエンスの基礎

13.1 データサイエンスとは

1980 年代ごろからコンピュータが一般に普及し、さらに 1990 年代後半からそれらがインターネットに接続され、相互にネットワークを介して接続された情報社会が訪れました。さらに情報通信技術の発展とスマートフォンの普及によるクラウドサービスの利用、IC カードを用いたキャッシュレス決済やポイントカードの普及により、個人の検索履歴や行動履歴などのデータが収集されています。これらのデータはビッグデータと呼ばれており、社会にデータがあふれる時代となりました。大量で多種多様なデータから価値のある情報を抽出するためのデータサイエンスが注目されています。

「AI 戦略 2019〜人・産業・地域・政府全てに AI〜」（令和元年 6 月 11 日統合イノベーション戦略推進会議決定）[40] の大目標において、

> デジタル社会の基礎知識（いわゆる「読み・書き・そろばん」的な要素）である「数理・データサイエンス・AI」に関する知識・技能、新たな社会のあり方や製品・サービスをデザインするために必要な基礎力など、持続可能な社会の創り手として必要な力を全ての国民が育み、社会のあらゆる分野で人材が活躍することを目指し、2025 年の実現を念頭に今後の教育に以下の目標を設定：文理を問わず、全ての大学・高専生（約 50 万人卒/年）が、課程にて初級レベルの数理・データサイエンス・AI を習得

することが掲げられています。データの正しい理解、活用のためのデータリテラシーを身につけるために、データサイエンスの基礎について学びましょう。

13.1.1 データサイエンスの概要

まず「データサイエンス」とは何か、何に役立つのかについて説明します。「データサイエンス」の定義としてはいろいろ提唱されていますが、ここでは竹村彰通が [41] が定義した 3 要素「データ処理」、「データ分析」、「価値創造」を持つビッグデータ等のオープンデータを活用する学問分野をデータサイエンスとします。データサイエンスにおける価値創造を行うためには、データの正しい解釈が必須です。データ解釈の基本は、それらのデータが取得された背景、収集方法などの特性情報を調べ、総合的に判断することです。

13.1.2　データサイエンスの手順

　データサイエンスにより新しい知見を発見するための手順として、以下の 6 ステップを行う必要があります。まずはデータサイエンスによって何を明らかにしたいかの課題を決定します。課題の決定後、ステップ 2 から 6 までを繰り返すことで新しい知見を発見していきます。

1. 課題設定
2. データ取得
3. データ前処理
4. 分析
5. 特徴量と可視化
6. 解釈

13.1.3　可視化手法

　この節では、データの表現方法としてグラフによる可視化方法について述べます。元となるデータは数値や文字列で表現されることがほとんどですが、データセットの多量の数値の羅列をみても、直感的に全体の傾向を理解することは困難です。そのため、一般的には、データセットの特徴を表す統計量といわれる数値に変換して表したり、グラフを使って可視化を行ったりします。グラフには様々な種類があり、それぞれ向き不向きがあります。図 13.1.1 にグラフの例を示します。

棒グラフ　　比較的少ない項目の比較や値の変化を示すのに向きます。

折れ線グラフ　　時系列データ間の関係や連続データを示すのに向きます。折れ線部分は値の推移を示すため、標本点間を直線補間しているとみなされます。

積み上げ棒グラフ　　各グループの合計値が重要ではなく、部分と全体の関係にのみ注意を払うときに使用します

円グラフ　　円グラフは、各項目の全体に対する割合や構成比を表すのに向いています。特に項目数が少ない場合に向いています。

帯グラフ　　帯グラフとは、帯全体を 100% として、各項目の構成比を長方形の面積であらわしたグラフです。クロス集計の結果を可視化する時によく用いられます。

散布図　　2 組のデータ系列間の関係を示します。データ量が多くなると傾向が視覚化されるため相関関係を示すことができます。

箱ひげ図　　データのばらつきを表現するための可視化手法のひとつです。ひげ線の両端が最小値と最大値を示し、箱の両端が第 1 四分位点、右側が第 3 四分位点を表します。箱の中の線は中央値を表します。

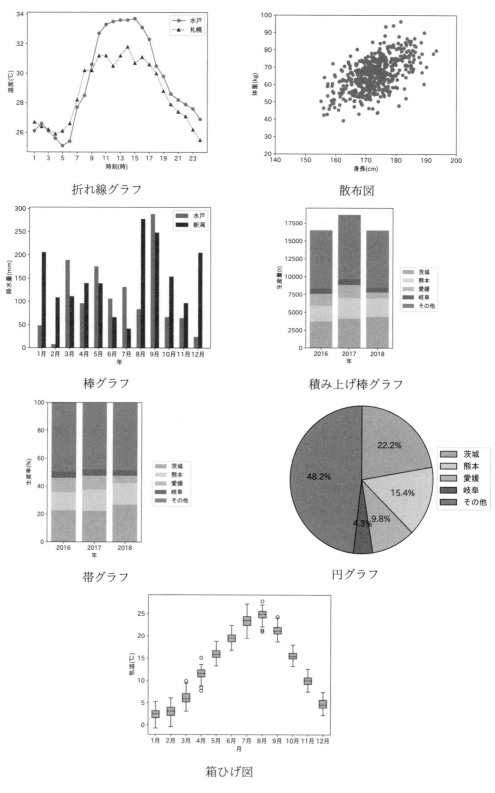

図 **13.1.1**　様々なグラフ

不適切なグラフを使うとデータの読み解き方を誤ってしまうことにつながります。例えば、都市の人口の比較をするときに、各都市を折れ線で結んだグラフや円グラフでは何を言いたいのかわからなくなります。どのようなグラフが適しているかは、データの性質や何を伝えたいのかに応じて、以下の手順で決定することができます [43]。

(ステップ1)　可視化の目的を明確にします。選択肢は「比較」「分布」「構成」「関係」の4つです。

(ステップ2)　データの関係性を分析します。項目の数、時系列データか否かなど、データの特性やデータ間の関係を調べます。

(ステップ3)　目的とデータ特性に応じてグラフを選択します。

　　比較　項目間の比較を行うのか、時系列の比較を行うのかを考えます。項目間の比較の場合には棒グラフ、時系列の比較をする場合には折れ線グラフを使います。

　　分布　データの次元やデータ点数に応じて適するグラフが異なります。1次元ならば棒グラフ、2次元ならば散布図が向いています。1次元でもデータ点数が多い場合には、折れ線グラフも検討しましょう。

　　構成　データの構成を示したい場合は、各項目が全体に占める割合（構成比）を示したいときには項目が少なければ円グラフ、項目が多ければ帯グラフ（100％積み上げ棒グラフ）が向いています。項目の値も重要であれば積み上げ棒グラフが適しています。

　　関係　2つのデータ間の関係を明らかにする場合には、散布図によって可視化します。

　ここで述べた以外にも、データが動的か静的か、周期性があるか、など様々な観点があり、またグラフにもバブルチャートやヒートマップなど多種多様なものがあります。一つのグラフにあまり多くの情報を詰め込むと、主張がぼやけてしまいます。

13.2 情報の抽出（基本）

データセットを代表した数値により説明する際には、特徴量として統計量を利用すると便利です。基本的な統計量には、最小値、最大値、平均値、中央値（median）などがあります。またデータセットの傾向を見るための統計量としては、偏差、分散、標準偏差、相関係数などがあります。以降では基礎的な統計量の使い方について説明します。

13.2.1 代表値

データセットを表す特徴量として**代表値**が挙げられます。代表値には**最大値**、**最小値**、**平均値**、**合計**などがあります。

最大値、最小値

データセットの数値の中で、最大のものを最大値、最小のものを最小値と呼びます。度数分布表を作成する際に、階級値を決定するときなどに利用します。

平均値

最もよく利用される代表値です。n 個のデータ $x_1, x_2, x_3, \ldots, x_n$ があるとき、その平均値 $\bar{x}$ は

$$\bar{x} = \frac{x_1 + x_2 + x_3 + \cdots + x_n}{n} = \frac{1}{n}\sum_{i=1}^{n} x_i \tag{13.2.1}$$

で求めることができます。これを**算術平均**と呼びます。

データが離散的な値 $(v_1, v_2, v_3, \ldots, v_n)$ を持ち、それぞれの値の度数 $(f_1, f_2, f_3, \ldots, f_n)$ が与えられた場合の平均値は、次の式で求めることができます。

$$\bar{x} = \frac{f_1 v_1 + f_2 v_2 + f_3 v_3 + \cdots + f_n x_n}{f_1 + f_2 + f_3 + \cdots + f_n} = \frac{\displaystyle\sum_{i=1}^{n} f_i v_i}{\displaystyle\sum_{i=1}^{n} f_i} \tag{13.2.2}$$

算術平均の他に、幾何平均や調和平均などがあります。

合計

データセットのすべての数値を足し合わせたもので、

$$x_1 + x_2 + x_3 + \cdots + x_n = \sum_{i}^{n} x_i \tag{13.2.3}$$

と表記します。

中央値

中央値とは、データセットの数値を小さい順に並べ替えたとき、中央にくる値のことです。例えば、以下のようなデータセットがあった場合、

$$1, 5, 3, 9, 7, 2, 6$$

数値を小さい順に並び替えると

$$1, 2, 3, 5, 6, 7, 9$$

となり、中央値は、5 となります。データセットの数値の数が偶数の場合には、

$$5, 9, 1, 2, 4, 1, 3, 8$$

が

$$1, 1, 2, 3, 4, 5, 8, 9$$

となり、中央値は

$$\frac{3+4}{2} = 3.5$$

となります。

度数

データセットを区間（階級）に分割したとき、その区間に含まれるデータの個数を度数と呼びます。また、それぞれの区間（階級）を代表する値を**階級値**と呼びます。この度数を棒グラフとして表現したものが度数分布図（ヒストグラム）です。

表 13.1　テストの分布

階級	階級値	度数
0〜10	5	0
10〜20	15	0
20〜30	25	0
30〜40	35	0
40〜50	45	1
50〜60	55	14
60〜70	65	43
70〜80	75	35
80〜90	85	7
90〜100	95	0

13.2.2　データの広がり

平均値が同じ 2 つのデータ系列があったとしても、データが平均値の周りにどのように分布しているかは様々です。図 13.2.2 は全体の分布が正規分布に近く、データが平均値の周りにまとまっています。中央値も平均値とほとんどずれていません。一方図 13.2.3 は値の小さいところの度数が大きく、中央値は低いところにあります。しかし一部の大きな値をもつデータがあるために平均値は中央値に比べて右のほうにずれた場所になります。こういったデータの広がり方を理解する上で重要となる特徴量として、**偏差**、**分散**、**標準偏差**があります。

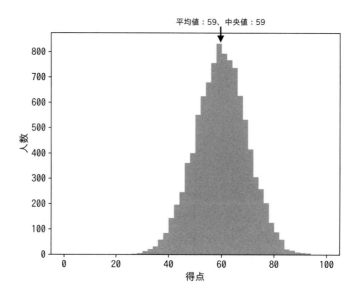

図 **13.2.2**　平均値と中央値が近い分布の例

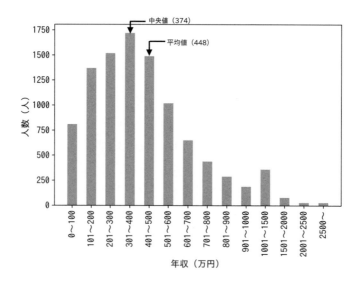

図 **13.2.3**　平均値と中央値がずれる分布の例

13.3　情報の抽出（応用）

　2つ以上の変数をもつデータセットがあるとき、2つのデータ間の関係を知ることはデータサイエンスを行う上で重要となります。ここでは2つのデータ間の関係を調べる方法についてみていきましょう。重要な特徴量として**相関係数**があります。

13.3.1　データの関係を見る (相関関係)

　一般に2つの量を持つ変数 X と Y があるとき、変数を区別なく見る見方や方法を**相関**といい、変数間の関係を**相関関係**と呼びます。変数は n 個のデータの集合であり、i 番目のデータを x_i、y_i と書くことにします。この関係を表す度合いを数値化し、強い、弱いを表すものを**相関係数**といいます。2つの変数間の関係を可視化するためには**相関図（散布図）**を用います。

　相関図の例を2つ見てみましょう。図 13.3.4 は、2019 年の各都道府県の人口（千人）と大手コンビニエンスストア三社の合計店舗数をプロットした散布図です。この散布図を見ると、各データは右肩上がりで直線上に並んでいることから「強い正の相関」を示しています。

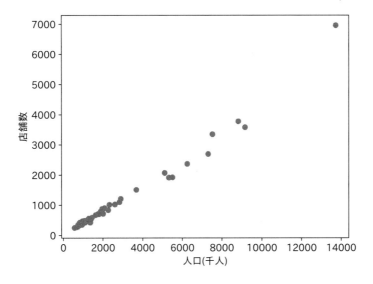

図 13.3.4　各都道府県の人口と大手コンビニエンスストア三社の合計店舗数の関係

　図 13.3.5 は、2016 年から 2018 年までの各都道府県県庁所在地と政令指定都市における肉類購入額と魚介類購入額の平均値をプロットした散布図です。散布図を見ると、各データには規則性があるようには見えません。このようなデータは「ほとんど相関がない」と言えます。

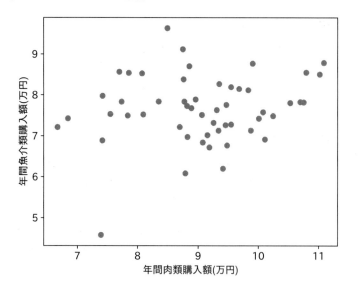

図13.3.5　主要都市における肉類の購入額と魚介類の購入額の関係

　図13.3.4や図13.3.5で見た相関を客観的な数値として求めるためには相関係数を計算する必要があります。相関係数を求めるための統計量には次のようなものがあります。

分散と標準偏差

　データがその平均値からどの程度の広がりを持っているか表す量です。変数 X の分散を S_x とすると、

$$S_x^2 = \frac{1}{n}\sum_{i=1}^{n}(x_i - \bar{x})^2 \tag{13.3.4}$$

で表すことができます。ここで $\bar{x}$ は変数 X の平均値を表します。また、分散の平方根が標準偏差となることから、標準偏差は次式で表されます。

$$S_x = \sqrt{S_x^2} = \sqrt{\frac{1}{n}\sum_{i=1}^{n}(x_i - \bar{x})^2} \tag{13.3.5}$$

なお $\bar{x}$ が<u>標本値</u>の平均（母平均が未知）の場合には、分散や標準偏差における係数 $\frac{1}{n}$ は $\frac{1}{n-1}$ になります。

共分散

　変量 X と Y の両方の広がりを考えたときの全データの平均値です。X の広がりを偏差 $x_i - \bar{x}$、Y の広がりを S_{xy} と表記し、各データの偏差 $y_i - \bar{y}$ を使って次式のように求めることができます。

$$S_{xy} = \frac{1}{n}\sum_{i=1}^{n}(x_i - \bar{x})(y_i - \bar{y}) \tag{13.3.6}$$

X と Y の間の相関係数 r は、

$$r = \frac{\displaystyle\sum_{i=1}^{n}(x_i - \bar{x})(y_i - \bar{y})/n}{\sqrt{\displaystyle\sum_{i=1}^{n}(x_i - \bar{x})^2/n}\sqrt{\displaystyle\sum_{i=1}^{n}(y_i - \bar{y})^2/n}} \tag{13.3.7}$$

と定義されます。ここで相関係数の分子は共分散、分母は X と Y の分散の平方根ですので、相関係数は、共分散 S_{xy} と標準偏差 S_x, S_y を用いて

$$r = \frac{S_{xy}}{S_x S_y} \tag{13.3.8}$$

と記述することができます。相関係数は -1 から 1 の間の数値となり、その絶対値が大きいほど相関が強いことを意味します。表 13.2 は、相関係数の値と相関の度合いについてまとめたものです。

表 13.2　相関係数の値と相関の度合い

相関係数 r の範囲	相関の度合い
$-1.0 \leqq r < -0.7$	強い負の相関
$-0.7 \leqq r < -0.4$	負の相関
$-0.4 \leqq r < -0.2$	弱い負の相関
$-0.2 \leqq r < 0.2$	相関がほとんどない
$0.2 \leqq r < 0.4$	弱い正の相関
$0.4 \leqq r < 0.7$	正の相関
$0.7 \leqq r \leqq 1.0$	強い正の相関

13.3.2　データの関係を見る (回帰)

変数 X を使って Y を説明する、もしくは Y を使って X を説明することを**回帰**と呼びます。**回帰分析**とは、2 つの変数の関係を定量的に表す式（回帰方程式）を求める分析手法です。相関と回帰の違いは、相関は X と Y の相互関係を表すのに対して、回帰は X から Y を説明することにあります。例えば 1 次式の回帰方程式は次式で表されます。

$$y = a + bx \tag{13.3.9}$$

この方程式の係数 a, b を得ることができれば、x から y を決定することができます。方程式の次数が 2 次, 3 次と上がると、2 次回帰方程式、3 次回帰方程式となります。

係数 a,b は最小二乗法を使用することで

$$a = \bar{y} - b\bar{x} \tag{13.3.10}$$

$$b = \frac{\displaystyle\sum_{i=1}^{n} y_i x_i - n\bar{y}\bar{x}}{\displaystyle\sum_{i=1}^{n} x_i^2 - n\bar{x}^2} \tag{13.3.11}$$

として求めることができます。係数 b は変数 X と Y の共分散 S_{xy} と変数 X の分散 S_x^2 を利用して以下のように書くこともできます。

$$b = \frac{S_{xy}}{S_x^2} \tag{13.3.12}$$

図 13.3.4 のデータについて係数 a,b を求めると、一次の回帰方程式は

$$y = -87.51 + 0.44 \times x \tag{13.3.13}$$

となり、この式で表される回帰直線を図 13.3.4 にプロットすると図 13.3.6 のようになります。

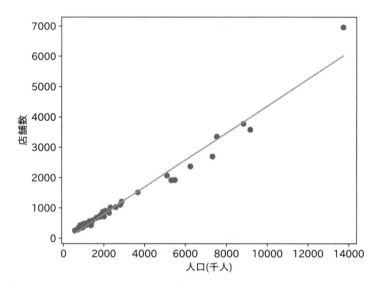

図 13.3.6 一次の回帰直線

回帰分析を行うメリットは、実測値（図 13.3.4）の点が存在しない部分についての推測値を得ることができることです。また回帰方程式から、人口が 1,000,000 人増える毎にコンビニエンスストアの店舗数が約 440 店増える傾向があることも分かります。

次に、回帰方程式のデータへの適応度合いを評価するために、変数 Y の散らばり（変動）を調べてみましょう。n 組のデータ (x_i, y_i) がある場合、分散を使って変動は以下のように記述することができます。

データの変動　（データ y と変数 Y の平均値 $\bar{y}$ との差の二乗）

$$nS_y^2 = (y_1 - \bar{y})^2 + (y_2 - \bar{y})^2 + \cdots + (y_n - \bar{y})^2 \tag{13.3.14}$$

予測値の変動　（予測値 $\mathcal{Y}$ と変数 Y の平均値 $\bar{y}$ との差の二乗 ）

$$nS_{\mathcal{y}}^2 = (\mathcal{Y}_1 - \bar{y})^2 + (\mathcal{Y}_2 - \bar{y})^2 + \cdots + (\mathcal{Y}_n - \bar{y})^2 \tag{13.3.15}$$

予測値とデータの変動　（予測値 $\mathcal{Y}$ とデータ $\bar{y}$ との差の二乗）

$$nS_e^2 = (y_1 - \mathcal{Y}_1)^2 + (y_2 - \mathcal{Y}_2)^2 + \cdots + (y_n - \mathcal{Y}_n)^2 \tag{13.3.16}$$

また、このとき次の関係が成り立ちます。

$$S_y^2 = S_{\mathcal{y}}^2 + S_e^2 \tag{13.3.17}$$

　回帰方程式のデータへの適応度合いの評価は、**決定係数**（R^2 とする）を求めることで定量的に見積もることができます。予測値と実測値の一致の度合いは、「予測値の変動」を「データの変動」で割ったもので測ります。この値が 1 のときには「完全に一致した」、逆に 0 に近いときには「変数 Y は変数 X で説明できない」と言うことができます。決定係数は 0〜1 の範囲の値をとります。式 13.3.17 を変形することにより決定係数は

$$R^2 = 1 - \frac{S_e^2}{S_y^2} = \frac{S_{\mathcal{y}}^2}{S_y^2} \tag{13.3.18}$$

と定義されます。

最小二乗法

　最小二乗法とは、変数 Y の予測値 $\mathcal{Y}$ としたとき、Y 軸方向の予測値と測定値 y の残差 $e = y - \mathcal{Y}$ に注目し、n 組のデータ (x_i, y_i) に対応する予測値 $\mathcal{Y}_i$ と測定値 y_i との差の二乗和が最小になるように係数 a と b を求める方法です。

　二乗和を a と b の関数 $L(a, b)$ と書くと、

$$L(a, b) = \sum_{i=1}^{n} \{y_i - (a + bx_i)\}^2 \tag{13.3.19}$$

となります。この式は 2 変数の二次式であることから、$L(a, b)$ を a と b でそれぞれ偏微分して 0 になる a と b が二乗和を最小とすることになります。すなわち

$$\frac{\partial L(a, b)}{\partial a} = -2\sum_{i=1}^{n}(y - a - bx_i) = 0 \tag{13.3.20}$$

$$\frac{\partial L(a, b)}{\partial b} = -2\sum_{i=1}^{n}(y - a - bx_i)x_i = 0 \tag{13.3.21}$$

を一次元連立方程式として解くと a と b が求まります。

13.4　演習問題

演習 1.　次のデータについて、偏差および偏差の合計を求めてみましょう。

37 5 7 17 2 11 23 3 13 29

演習 2.　データ系列 A の要素数は 4、平均値 5、分散値 2 です。データ系列 B の要素数は 6、平均値 7、分散値 3 です。この 2 つのデータ系列を一つに統合したデータ系列の要素数、平均値、分散値はどうなるでしょうか。

演習 3.　標準偏差に似た概念として平均偏差というものもあります。どのようなものか調べてみましょう。

演習 4.　あるデータを集計したところ、表 13.3 のような度数分布だったとします。このデータの平均値、分散値、標準偏差を求めてみましょう。

表 13.3　あるデータの度数分布

階級値	30	40	50	60	70
度数	3	7	2	8	4

演習 5.　総務省統計局（`https://www.stat.go.jp/data/`）では、様々な統計データを公開しています。例えば「家計調査」では県庁所在地および政令指定都市における農産物の購入金額などを調べることができます。統計局のデータを使って分析をしてみましょう。

本章で使用したデータの出典は以下のとおりです。

- 気象庁：「過去の気象データ・ダウンロード」, `http://www.data.jma.go.jp/gmd/risk/obsdl/index.php`
- 農林水産庁：「作物統計」, `https://www.maff.go.jp/j/tokei/kouhyou/sakumotu/index.html`
- 総務省統計局：「日本の統計 2019」, `https://www.stat.go.jp/data/nihon/index1.html`
- LAWSON：「企業情報—ローソンチェーン全店売上高（連結）・店舗数推移」, `http://www.lawson.co.jp/company/corporate/data/sales/`
- FamilyMart：「店舗数」, `https://www.family.co.jp/company/familymart/store.html`
- セブンイレブン・ジャパン：「国内店舗数」, `https://www.sej.co.jp/company/tenpo.html`
- 総務省統計局：「家計調査（二人以上の世帯）品目別都道府県庁所在地及び政令指定都市ランキング（2016 年（平成 28 年）〜2018 年（平成 30 年）平均）」, `https://www.stat.go.jp/data/kakei/5.html`

第 14 章

統計の信憑性

14.1 統計の嘘

データを分析した結果は、調査結果あるいは統計結果という形で何らかの主張の根拠として使われます。データの分析は、確率や統計学といった数学的な手法で計算されるため、その結果は、科学的、客観的なものと思われています。

しかしデータ解析は適切に行わないと誤った解釈をしてしまいかねません。注意が足りなかったために信頼できない統計結果になってしまうこともあります。「統計の嘘」とは、ある主張をするために、統計処理を行う際に意図的に都合の良いデータ処理を行うことです。

データ処理には入力、処理、出力の 3 段階があります。各段階において「嘘」が入り込まないようにするためにはどうしたらいいのでしょう。順に見ていきましょう。

14.2 入力の段階で注意すること

14.2.1 調査対象に偏りはないか

データ処理には、母集団のすべてのデータを処理する全数調査と、母集団の一部分を抜き出した標本を対象に処理する抽出調査があります。

大鍋で作ったスープの味を確認したいとします。全数調査は全部飲み干す調査です。抽出調査はスプーンで一口分だけ確認する方法に当たります。しかし、たまたまスプーンで味見したところだけが味が濃いかもしれません。スプーンで味見した一口分が大鍋を代表しているためには、味見する前によくかき混ぜる必要があります。

全数調査には莫大なコストがかかるので、抽出調査を行うことが一般的です。原理的に母集団の全要素を調査することができないこともあります。例えば観測対象が連続系（例えば気温）の場合には、データ化するにあたって標本化（1 日に 1 回、1 時間に 1 回の測定など）が行われます。

抽出調査の場合、抽出されたデータが全体の代表になっているかどうか注意しなければなりません。スープの例えでは簡単に見えるかもしれませんが、実際のデータ処理では意外と難しい問題です。

　例えば国民が 1 日平均どのくらいスマートフォンを使用しているか調査したいとします。全国民にアンケートを取るのが全数調査です。これは大変です。抽出調査では、ある一定の人数、例えば 1 万人の調査で全体の傾向を推測します。では、この調査対象の 1 万人をどうやって選べばいいでしょうか。

　インターネットを用いた調査の場合、ディジタル機器に慣れ親しんでいないお年寄りが排除されてしまう恐れがあります。各家庭を訪問して聞き取り調査をしたほうがいいでしょうか？その場合、訪問する家庭はどうやって選んだらいいでしょう。お昼に在宅している人たちに偏りはないでしょうか。一人暮らしの大学生は昼間在宅しているでしょうか？このように国民全体を代表する部分集合を適切に抜き出すのは、意外と難しい問題です。

14.2.2　設問や選択肢は適切か

　処理対象のデータがセンサなどから機械的に収集されるデータではなく、アンケート調査の場合には、アンケート主催者の設定した設問に対して選択肢や自由記述で回答することが一般的です。このとき設問の聞き方や選択肢の提示の仕方によって、回答が誘導されてしまう危険性があります。

　あるテーマについて賛否を問うアンケートの場合、直前に肯定的な説明をすると賛同する回答、否定的な説明をすると否定的な回答になる傾向があります。もともと明確に賛成／反対の意見を持っている回答者は影響を受けませんが、特に明確な意見をもたない回答者層は、主催者の意図に沿った回答に誘導される可能性があります。

　また投票などで「適任と思う方 1 名を選んでください」という設問の選択肢として、候補者が順に並んでいる場合があります。このとき、どの候補者も特によく知らない投票者はとりあえず最初の人を選びがちである、という調査結果があります。投票所の記入台のところに候補者名簿が貼られていることがありますが、とりあえず最初の人の名前を書いていたりはしませんか？こういった偏りを少しでもなくすために、インターネット投票システムの中には候補者の表示順をランダムに変更するものがあります。

14.3 処理の段階で注意すること

データを収集しても、そのまま利用できるわけではありません。そのままデータ分析を行うと、全体の結果を大きくゆがめる危険性がある異常値や欠損値を適切に取り扱う必要があります。

14.3.1 外れ値、異常値を適切に取り扱う

統計データを集める場合、作業者は何らかの主張（仮説）を持っていて、その裏付けを取ろうとしている場合が多いでしょう。そのため、自分の主張に都合のいいデータを選択し、都合の悪いものは排除しがちです。仮説に反するデータが出たときに、「これは例外！」としてそのデータを排除してしまってよいのでしょうか。

「外れ値」とは、他のデータからみて、極端に大きな値、または極端に小さな値のことです。外れ値であるかどうかの判定は主観的に行うのではなく、四分位範囲などを利用して行うのが一般的です。外れ値だからといって、分析する際に除外してしまうのではなく、外れ値が発生した原因を考察する必要があります。

外れ値のなかで、測定のミスや、データの入力ミスなど、原因が明らかにわかっているものを「異常値」と呼びます。例えば、男性を「0」、女性を「1」で入力するアンケート調査に対して「2」が入力されていた場合や、身長測定をしたデータの中に 16705cm という記録がある場合などです。このように明らかに異常値といえるものは除外します。なお「0」の代わりに「O」と入力されていたなど、原因が明らかで「正しい元データ」に戻せる場合には、修正してもかまいません。

繰り返しますが、異常値でない外れ値は取り除いてはいけません。見落としている大事な要因があるかも知れず、それを解明することが新しい知見につながるかも知れないからです。

14.3.2 欠損値を適切に取り扱う

データセットの中で欠損値が存在する場合、分析の用途に沿った形になるようにデータを加工する必要があります。欠損値がある場合の前処理には以下のようなものがあります。

- 欠損値を含むデータの組をを削除する
- 処理できるように、平均値、中央値、最頻値などを代入する
- 処理できるように、回帰分析を利用して求めた値を代入する

14.4　出力の段階で注意すること

　統計処理が終わったデータを、グラフや表として見せたり、その結果の解釈を文章で説明したりする段階です。分析までの処理が適切に行われていても、自分の主張に都合よく見えるように加工されることがあります。

一部分だけ切り取る

　　　表示する範囲、区間を限定することによって、結果の解釈を歪めることができます。例えば、経済的なデータの場合、リーマンショックのように大きな事件を境に傾向が大きく変化することはよくあります。

　　　また、グラフの途中省略（ベースラインの変更）などは変化の大きさを実際以上に大きく（あるいは小さく）みせるためによく使用されるテクニックです。悪質な例では軸の目盛りの間隔が途中から変わっていることもあります。

表現によって印象が変わる

　　　年間 100 万台生産される機器のうち 1000 台が故障する時、「故障が毎年 1000 件発生しています」「故障が発生する確率は 0.01％です」「故障が約 1 日に 3 件の割合で発生します」では、その製品の故障が多いのか少ないのか印象が変わります。

誤った因果関係の主張

　　　相関のある統計結果から、因果関係を誤って主張することはよくあることです。例えば殺人事件が起きると、犯人の私生活から特定の趣味をもつ人々を犯罪者予備軍であるかのように扱う報道は、昔から多くみられています。

解釈のすり替え

　　　回答が「好き 43％」「嫌い 32％」「どちらでもない 25％」になったとき、「好きと答えなかった人が過半数でした」というと、「好き」より「嫌い」が多かったように印象付けることができます。

　　　また「○○は▲▲を 100％防止できると思いますか」という設問に対して、「そうは思わない」が多数になったときに、報告書では「多くの人が、▲▲防止のために○○は役に立たないと考えている」などとすり替えることもよく見受けられます。

14.5　統計の嘘を見破る

　ダレル・ハフは、「統計でウソをつく法」[42] の中で統計の嘘を見抜くために確認すべき 5 つの項目をあげています。

- 統計結果の出自はどこか。誰がそう言っているのか。その統計の結果によってメリットを得る組織や団体ではないか。
- データの出自はどこか。どういう方法で調べたのか。誘導していないか。
- 足りないデータはないか。調査対象に偏りはないか。主張に合わないデータを恣意的に外していないか。
- 結果の解釈は正しいか。問題をすり替えていないか。
- そもそも意味があるのか。意味のない分析をしていないか。

　前述のように、データ処理の様々な過程で「間違い」や「嘘」が入り込む余地があります。ある統計結果が発表された場合、注意深く検証することによって、作成者の嘘 (もしくは恣意的な解釈) を見破ることができます。しかし、そのためには統計処理の全過程が公開されている必要があります。設問が不明なアンケート結果だけ見せられても、回答者が誘導されていないかどうか、わかりません。

　様々な統計処理で使用したデータをなるべく素の状態で公開することによって、第三者が多角的に分析することが可能となり、統計結果の信憑性が増すことになります。現在、国や地方公共団体、民間企業などが所有している様々なデータを誰でも無料で自由に利用できる形でインターネット上に公開する**オープンデータ**の動きが活発化しています。

オープンデータ評価指標「5 Star Open Data」

　国や地方公共団体、民間企業などが所有している様々なデータを誰でも無料で自由に利用できるようにインターネット上に公開にしているものです。データの形式によって活用のしやすさが大きく変わります。オープンデータ評価指標は、オープンデータの公開度（活用のしやすさ）を 5 段階（5 つ星）で表したものです。3 つ星までは比較的達成が容易と言われています。

レベル	データの公開形式	例
☆	オープンライセンス	JPG, PDF
☆☆	機械処理可能な構造化されたデータ	XLS
☆☆☆	オープンに利用できるフォーマット	CSV
☆☆☆☆	Web 標準のフォーマット	RDF
☆☆☆☆☆	他のデータソースへのリンクを含む形式	LOD

14.6 演習問題

演習 1. 以下のような調査結果が出ました。この食べ物を禁止した方がいいでしょうか。

- 心筋梗塞で死亡した人の 95%がこの食べ物を摂取していました
- がん患者の 98%がこの食べ物を摂取していました
- 凶悪犯罪者の 90%が犯行前 24 時間以内にこの食べ物を摂取していました

演習 2. 国民の意識調査を行うときに使用する方法として、「RDD 方式による電話調査」があります。どのような方法か、調べてみましょう。

演習 3. スマートフォンの普及率を調査するために、アンケートを取ることにしました。集計を簡単に行いたいので、Web アンケートシステムを利用することにしました。この方法で収集したアンケート結果には、どのような問題点があるでしょうか。

演習 4. 省庁が発表する統計データを「政府統計」といいます。政府が公開しているので信頼できると考えますか？それとも、官僚が作成するので、政策の実行に都合が悪い部分はうまくごまかしていると考えますか？

演習 5. 大手メディアが報道する政権支持率は、結構ばらつきがあります。このばらつきはどこから生じるのか、考えてみましょう。

第 15 章

アンケート集計

アンケートを集計する際にはまず単純集計で大まかな傾向を調べ、クロス集計や自由記述で詳細を探り、最後にそれぞれを照らし合わせるという順に進めます。

15.1 外部ファイルの取り込み

表計算ソフトでデータ分析を行う時、分析対象のデータを自分で入力することもありますが、別のシステムや機器で生成されたデータを取り込んで使う時もあります。他所とデータをやり取りする時には、単純な構造である CSV（Comma Separated Value）形式や TSV（Tab Separated Value）形式のテキストファイルを使います。

ここでは、あるクラスのテストの点数が test.csv というファイルにまとまっているとします。外部データを取り込む機能を使って、このデータを表計算ソフトのシートに読み込んでみましょう。取り込む時には、データの区切りがどのようになっているのか（決まった桁数なのか、区切り文字があるのか）を指定します。文字を含んでいるファイルの場合には、文字コードの指定を適切にしないと、文字化けすることがあります。

```
┌─ test.csv ─────────────────────────────────

番号, 国語, 英語, 算数, 理科, 社会
1,60,80,80,80,100
2,60,50,70,85,60
3,65,60,50,75,65
4,60,60,75,90,65
5,55,70,50,80,90
6,70,50,70,85,70
7,50,60,45,70,90
8,55,40,75,75,95
9,65,70,45,80,95
10,60,60,40,80,60
```

15.2　単純集計

15.2.1　平均点、最高点、最低点

　test.csv からデータを読み込んだら、各科目の平均点、最高点、最低点を求めてみましょう。それぞれの値は、AVERAGE 関数、MAX 関数、MIN 関数を利用すれば求めることができます。オートフィルをうまく利用すれば、式の入力は 1 科目についてだけ行えばいいはずです。

15.2.2　分散、標準偏差

　同様にして、各科目の分散と標準偏差と求めてみましょう。

　表計算ソフトで分散や標準偏差を求める関数には、いくつかの種類があります。大きく分けると、計算に使うデータが、母集団の中からサンプルとして何点か抜き出したものなのか、それとも母集団全体そのものか、です。ここではサンプル調査ではないので、母集団全体をデータとして使用する関数である VARPA 関数と STDEVP 関数を利用します。

　test.csv は作為的なデータなので、平均値が同じでも分散が大きく異なるデータ系列や、逆に分散が同じでも平均値が異なるデータ系列があります。それぞれどういう状況を意味しているのか、考えてみましょう。

15.3　クロス集計

　次の例では、あるアンケートの結果が enquete.csv というファイルにまとまっているとします。「性別」は男性なら 「M」、女性なら「F」と入っています。「年齢層」は、20 から 29 歳の範囲ならば「20」のように入っています。「回答」は、5 択の設問に対してどの選択肢を回答したかを示します。データは全部で数十行あるとします。このデータを表計算ソフトに取り込んで解析しましょう。

```
┌─ enquete.csv ─────────────────────
│
│ 性別，年齢層，回答
│ M,20,3
│ F,10,4
│ M,20,4
│ M,20,1
│ F,10,2
│ F,20,5
│ N,40,2
│ F,30,3
│ ...
│
└──────────────────────────────────
```

15.3.1 1つの条件に基づく集計

アンケートの回答結果について、まず、さきほどと同様に単純集計を行ってみましょう。回答者の男女比、年齢層の分布、回答の分布などを求めることができます。

回答者の人数は、表計算ソフトのセルの番号を見てもわかりますが、値として取得するにはCOUNT関数などを利用します。

次に男女比を求めてみます。男性の回答者の数は、性別欄のMの数を数えればわかります。これはCOUNTIF関数を使えば求めることができます。同様に女性の回答者の数は、性別欄のFの数を数えればわかります。Mの数とFの数の和がアンケート回答者数に一致しているか確認してみましょう。もし一致しなかった場合、MでもFでもないデータがあるということです。よくみるとNというのが紛れ込んでいるようです。もし「女性の数」を、「アンケート回答者数」から「男性の数」を引いて求めていたら、入力ミスに気づかないところでした。このように、集計の様々な箇所で、入力ミスや集計ミスがないかチェックすることは重要です。

同様にして設問に対する回答の分布も求めることができます。

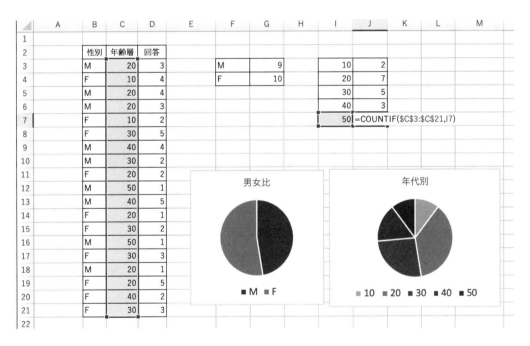

図 15.3.1 COUNTIF による単純集計

15.3.2　複数の条件に基づく集計

単純集計では回答者全体の傾向だけをみることができます。これに対して**クロス集計**は複数の条件を組み合わせた集計を行います。例えば、女性と男性とで回答の分布を比較したい、年代別に回答の分布を比較したい、などです。

男女別、年齢別で回答の分布に差があるか調べてみましょう。

クロス集計でも基本的に行うことはデータの個数を数えることです。ただし、「性別が M かつ回答が 1 の数」「性別が Mかつ回答が 2 の数」... のように、数える時の条件として性別と回答の 2 つ（以上）の条件を指定します。複数条件を指定する数え上げは、COUNTIF 関数の複数条件版である COUNTIFS 関数を用います。

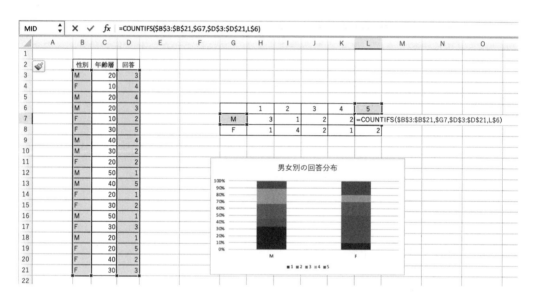

図 15.3.2　COUNTIFS によるクロス集計

15.3.3　ピボットテーブル

多くのアンケートでは設問が複数個あることが一般的です。そのため、例えば「設問 1 で 1 を選んだ人」は設問 2 でどのような回答を選択したのか、というように集計する条件の組み合わせは多岐に渡ります。

このような場合、条件を変えながら COUNIFS の式を書き換えるのは面倒な作業です。Excel では、このような条件を変えて行うクロス集計を試行錯誤する分析ツールとして、ピボットテーブルという機能を提供しています。

15.4　演習問題

演習 1.　Excel に外部データの取り込む方法を調べてみましょう。

演習 2.　授業中に提示された test.csv のファイルを使って、科目毎の平均点、最高点、最低点、分散、標準偏差を求めてみましょう。

演習 3.　AVERAGE 関数で集計対象をセル範囲で指定した時、空欄のところを 0 として扱うのか、データがないものとして扱うのか、調べてみましょう。

演習 4.　平均値ではなく中央値を求めたいとします。どのような関数を使えばいいのか、調べてみましょう。

演習 5.　授業中に提示された test.csv のファイルを使って、各科目の点数を可視化してみましょう。どのようなグラフが見やすいでしょうか。

演習 6.　授業中に提示された enquete.csv のファイルを使って、アンケート回答の単純集計を行ってみましょう。

演習 7.　COUNTIFS 関数の使い方を調べてみましょう。

演習 8.　授業中に提示された enquete.csv のファイルを使って、クロス集計を行なってみましょう。年齢別、男女別の回答の分布に差があるでしょうか。

演習 9.　ピボットテーブル機能の使い方を調べてみましょう。

演習 10.　授業中に提示された enquete.csv のファイルを使って、ピボットテーブル機能でクロス集計をしてみましょう。

第 16 章

データの分析

16.1 TSV データの読み込み

以下は product.tsv というファイルの内容であり、ある都市における気温 X（度）と、3 つの商品 A,B,C の売り上げ（個数）のデータです。紙面上ではわかりにくいですが、各行の項目間は Tab 文字で区切られています（TSV ファイル）。TSV ファイルは、CSV ファイルと同様に外部データの取り込み機能を使って、表計算ソフトに読み込むことができます。

```
┌─ product.tsv ──────────────────────
│ 月  気温 A B C
│ 1  2  5  90  46
│ 2  6  16 81  97
│ 3  5  16 90  30
│ 4  10 27 65  40
│ 5  19 43 29  63
│ 6  23 60 18  80
│ 7  27 68 14  73
│ 8  28 72 11  12
│ 9  21 54 28  35
│ 10 16 40 57  82
│ 11 8  21 72  98
│ 12 3  8  104 59
└──────────────────────────────────────
```

16.2　通常のグラフ

まず始めに、月毎の気温と売り上げがどのような変化をしているのか、ざっと形をみておきましょう。気温から商品 C までの範囲を対象に折れ線グラフを作成してみると、図 16.2.1 のようになります。商品 A は気温と似た傾向を示していますが、商品 B と C は気温とはあまり関係がないように見えます。

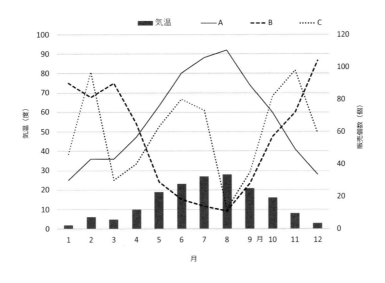

図 **16.2.1**　可視化

16.3　散布図の作成

つぎに商品をひとつずつ気温との関係を分析します。ここでは気温と商品 A の売り上げの関係を見てみましょう。気温と商品 A のデータを元に散布図を作成すると、図 16.3.2 のようになります。見るからに「強い相関」がありそうです。

散布図（気温-A）

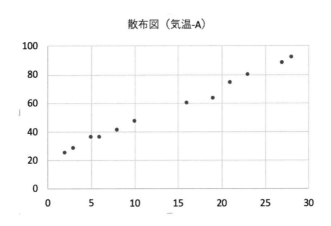

図 **16.3.2**　気温と商品 A の関係（散布図）

16.4　相関係数を求める

　数値的にも確認してみましょう。Excel の関数を使って相関係数を求めるには、CORREL 関数を使います。CORREL 関数には 2 つのデータ系列を渡します。

　気温と商品 A の相関係数を求めてみましょう。図 16.4.3 に示すように入力してみると、結果は「0.9964」となります。数値から見ても「強い正の相関」があることがわかります。

	A	B	C	D	E
1					
2	月	気温	A	B	C
3	1	2	25	90	46
4	2	6	36	81	97
5	3	5	36	90	30
6	4	10	47	65	40
7	5	19	63	29	63
8	6	23	80	18	80
9	7	27	88	14	73
10	8	28	92	11	12
11	9	21	74	28	35
12	10	16	60	57	82
13	11	8	41	72	98
14	12	3	28	104	59
15					
16			気温とA	気温とB	気温とC
17		相関係数	=CORREL($B$3:$B$14,C3:C14)		
18					

図 16.4.3　気温と商品 A の相関係数を求める

　同様に「気温と商品 B」「気温と商品 C」の相関を求めてみると、前者は「強い負の相関」、後者は「ほとんど相関がない」ことがわかります。相関係数は例えば「気温と気温」「商品 B と商品 C」などの組み合わせでも計算することができます。

16.5 回帰方程式を求める

　図 16.4.3 の散布図に対する、1 次の回帰方程式を求めてみしょう。回帰方程式 $y = a + bx$ の係数 a と b を求めればよいことになります。1 次の場合、b は傾き、a は切片と言い換えることができます。

　Excel には、データ系列に対する 1 次の回帰直線の傾きや切片を求める関数があります。傾きを求めるのは SLOPE 関数、切片を求めるのは INTERCEPT 関数です。いずれも引数として、回帰を行う元になるデータの範囲を渡します。渡す順序は、目的変数 y のデータ範囲の方が説明変数の x のデータ範囲よりも前になるので、間違えないようにしましょう。

回帰方程式 （y=a+bx）		
傾き(b)	=SLOPE(C3:C14,B3:B14)	
切片(a)	21.0321163	

図 16.5.4　回帰方程式の傾きと切片を求める

　傾きは 2.4858、切片は 21.0321 となるので、回帰方程式は以下のようになります。

$$y = 21.0321 + 2.4858x$$

　回帰方程式が得られれば、これを使って元データがないところの推測値を求めることができます。例えば気温が 14 度のときに商品 A がどの程度売れるかを予測することができます。上記の回帰方程式を使って Excel で計算してもいいのですが、Excel では FORECAST 関数が用意されています。

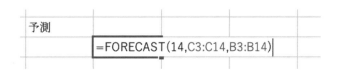

予測		
	=FORECAST(14,C3:C14,B3:B14)	

図 16.5.5　気温 14 度のときの商品 A の売り上げを予測する

　これで気温 14 度のときの商品 A の売り上げは 56 個くらいであろうということがわかります。なお図 16.5.5 では関数の引数に 14 と直接記述していますが、様々な値で確認したいときに式をいちいち編集するのは大変なので、別のセルを参照するのがいいでしょう。

16.6　回帰直線を描画する

　最後に、図16.3.2のグラフ上に回帰方程式を視覚的に描画してみましょう。グラフ中のデータ点の上で右クリックすると、ポップアップメニューの中に「近似曲線の追加...」という項目がありますので、その中で「線形近似」を選択します。

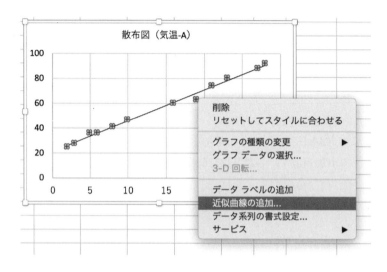

図16.6.6　回帰直線の描画（商品A）

　この回帰直線は先ほどのSLOPE関数やINTERCEPT関数の値に基づいて描画されています。近似曲線のオプションから、さきほど求めた回帰方程式を表示させることもできます。

16.7　解釈

　ここまでの分析で何が言えるでしょうか。言えることは「気温と商品Aの売り上げの相関が極めて高い」ということです。「気温が高くなること」と「商品Aの売り上げが増えること」の因果関係については何も主張できません。つい「気温が高くなると、商品Aが売れる」と表現したくなりますが、これは因果関係を述べているようにも受け取れる表現なので、後々この文章が一人歩きしたときに解釈が変わってしまう恐れがあります。

　実際に因果関係があるかどうかは、因果関係があると仮定して他のデータと矛盾が生じないか、因果関係を説明する仮説が立てられるかどうか、仮説の検証ができるかどうか、など多方面からの確認が必要です。

　またSLOPE、INTERCEPT、FORECASTの各関数や近似曲線の描画は、そのデータ系列に対して1次の回帰方程式を当てはめることが妥当である場合にのみ、結果に意味があります。相関係数などを確認せずに単に近似直線を描画してしまうと、意味のない処理をしてしまいかねません。

16.8　演習問題

演習 1. 授業中に提示された product.tsv のファイルを使って、「気温と商品 B」と「気温と商品 C」の散布図を作成してみましょう。

演習 2. 授業中に提示された product.tsv のファイルを使って、「気温と商品 B」「気温と商品 C」の相関係数が求めてみましょう。「気温と商品 A」の相関係数を求める式をオートフィルで右方向にコピーするといいでしょう。

演習 3. 授業中に提示された product.tsv のファイルを使って、「気温と商品 B」、「気温と商品 C」の回帰方程式を求めてみましょう。

演習 4. 授業中に提示された product.tsv のファイルを使って、商品 A、商品 B、商品 C それぞれの相互の相関係数を求めてみましょう。
どのような性質があるでしょうか。

演習 5. 気温と商品 C の場合、1 次の回帰直線を描画すると図 16.8.7 のようになります。この回帰直線から何がいえるでしょうか。

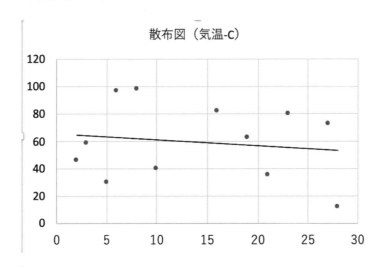

図 16.8.7　回帰直線の描画（商品 C）

演習 6. 本書では最小二乗法を用いるものを紹介していますが、近似曲線の求め方にはいくつかの方法があります。Excel が使用する近似曲線では、誤差をどのように評価しているのか、調べてみましょう。

第 17 章

プログラムを用いたデータ解析

17.1　なぜプログラムか

本書では、データ処理の概略を表計算ソフトを用いてみてきました。データの数が数十件程度であれば、表計算ソフトで見通し良く段階的に作業を進めることができます。データ件数がもっと多い場合はどうでしょう？

センサから 10 分毎に収集される気温と湿度を解析する場合、一つのセンサだけでもそのデータ数は 1 年で 5 万件を超えます。このような膨大な量のデータを表計算ソフトで行う場合、範囲選択するだけでも大変です。実際のところ、表計算ソフトでは数式が入ったセルの数が 1 万件を超えると快適に操作できません。

データ処理を行うプログラムを作成することで、大容量のデータでも効率よく処理することができます。データを変えて同じ処理を繰り返すのも簡単です。ここでは Python というプログラミング言語を用いたデータ処理の例を見てみましょう。

Python

　Python（パイソン）はプログラミング言語の 1 つです。プログラミング言語は星の数ほどあり、それぞれ長所短所があります。Python は文法が比較的わかりやすく、また様々な目的に特化した強力なライブラリ（利用可能なプログラム）があるため、最近様々な分野で広く使われるようになりました。書籍やインターネット上の情報も豊富にあるため、学習しやすい言語と言えるでしょう。

17.2 Python によるデータ処理の例

　ファイルからデータを読み込んで分析し、グラフを表示する様子を見てみましょう。ここでは Python 3.4 から導入された数理統計ライブラリである statistics を使います。またグラフの描画には Python の描画ライブラリの一つである matplotlib を使います。

17.2.1 データの読み込み

　test.csv という名前のテキストファイルに (x, y1, y2) のデータの組が以下のような CSV 形式で格納されているとします。Listing 17.1 は、この CSV ファイルを読み込んで表示するプログラムの例です。

```
test.csv
10, 120, 142
20, 130, 213
30, 235, 153
40, 123, 206
50, 74, 64
60, 65, 146
70, 84, 43
```

Listing 17.1　CSV ファイルからの読み込みと表示

```python
1  import csv
2  from statistics import mean,variance,stdev
3  from matplotlib import pyplot as plt
4
5  # ファイルからデータ読み込みCSV
6  datafile = './test.csv'
7  with open(datafile, mode='r') as fn:
8          reader = csv.reader(fn)
9          mydata=[row for row in reader]
10
11 # 読み込んだデータの表示
12 for d in mydata:
13     print( d )
```

17.2.2 最大値などの計算

Listing 17.2 では、y1 のデータ系列について最小値、最大値、平均値、分散、標準偏差など
を求めています。y1 の値だけが格納された配列が必要なので、15 行目から 21 行目ではデータ
構造の組み替えを行なうと同時に、文字列型から数値への変換を行なっています。ここでは素
朴な方法で記述していますが、通常は、より高速な行列転置を行う演算を使用します。29 行目
以降では計算結果を小数点以下 2 桁まで表示しています。

Listing 17.2 数理統計処理

```
14  # データ構造の組み替え
15  x = []
16  y1 = []
17  y2 = []
18  for d in mydata :
19      x.append( float(d[0]) )
20      y1.append( float(d[1]) )
21      y2.append( float(d[2]) )
22
23  min_y1 = min( y1 )     # 最小値
24  max_y1 = max( y1 )     # 最大値
25  mean_y1 = mean( y1 )  # 平均値
26  var_y1 = variant( y1 )   # 分散
27  stdev_y1 = stdev( y1 )   # 標準偏差
28
29  print('最小値: {0:.2f}'.format(min_y1))
30  print('最大値: {0:.2f}'.format(max_y1))
31  print('平均: {0:.2f}'.format(mean_y1))
32  print('分散: {0:.2f}'.format(var_y1))
33  print('標準偏差: {0:.2f}'.format(stdev_y1))
```

17.2.3　グラフのプロット

折れ線グラフを描く plot 関数には、データ点列の「横軸の値の配列」と「縦軸の値の配列」を渡します。マーカーの種類や大きさ、線の種類など様々なグラフ要素を指定することができます。このように一つ一つ指定するのは大変と思うかもしれませんが、複数のグラフを描く場合でもデザインを完璧に揃えることができます。

Listing 17.3　グラフの描画

```
34   #グラフ描画
35   plt.plot(x, y1, marker='o', markersize=5, linestyle='-' )
36   plt.plot(x, y2, marker='^', markersize=10, linestyle=':' )
37   plt.show()
```

図 17.2.1 に IDLE 環境で実行した様子を示します。IDLE 環境の構築方法は 17.3 節で説明します。

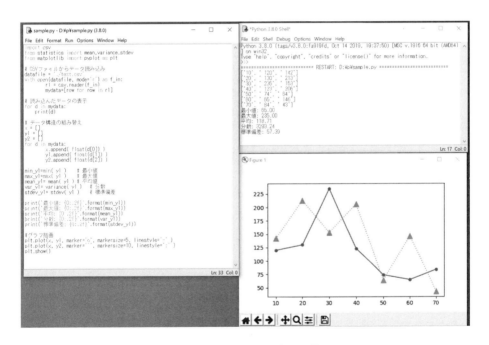

図 17.2.1　IDLE での実行の様子

17.3　付録：Python 環境の構築

Python の環境構築の方法としては目的や習熟度によって様々なやり方があります。ここで
は Windows 環境に Python 公式サイトから 64bit Python 3 の環境を構築する方法を紹介し
ます。この環境では IDLE と呼ばれる簡易な実行環境が使えるようになります。

17.3.1　インストーラのダウンロード

Web ブラウザで https://www.python.org/ にアクセスし、「Download」メニューから
Windows を選択します（図 17.3.2）。すぐ右に、直接ダウンロードができるボタンがあります
が、これはクリックしません。

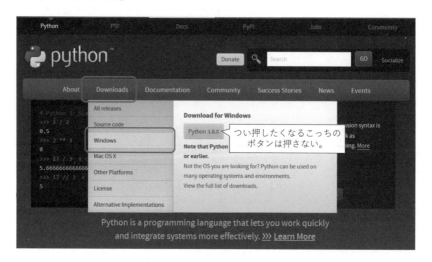

図 17.3.2　Python 公式サイトにアクセスし対象 OS をクリック

Windows 用の Python プログラム（古いものから新しいものまで）の一覧の画面に変わるの
で、Python3 の一番新しいバージョン（Latest Python 3 Release）を選択します（図 17.3.3）。

選択したバージョンに関するページが開くので、ページの一番下までスクロールし、Windows
用の 64bit インストーラ（Windows x86-64 executable installer）をクリックします。図 17.3.4
は Firefox ブラウザでの実行の様子です。使用するブラウザによっては、ファイルとして保存
するか、すぐに実行するか尋ねられるかもしれませんが、「保存」を選択します。

保存したインストーラは、通常、ダウンロードフォルダに保存されていますので、ダブルク
リックして起動します（図 17.3.5）。「Add Python 3.x to PATH」にチェックを入れ、「Install
Now」をクリックします。

実際にインストールをして良いか確認されるので「はい」を選択すると、「Install Successful」
の画面になります（図 17.3.6）。もしここで「Disable path length limit」の警告が出ている場
合には、それをクリックし制限を外しておきます。最後に「close」をクリックするとインス
トール完了です。

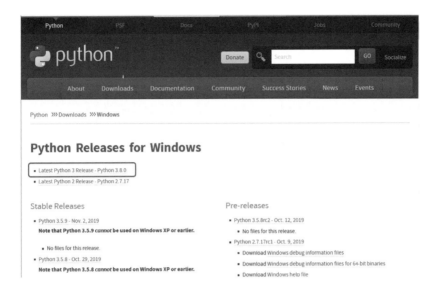

図 **17.3.3** 対象 **OS** 用の最新版を選択する

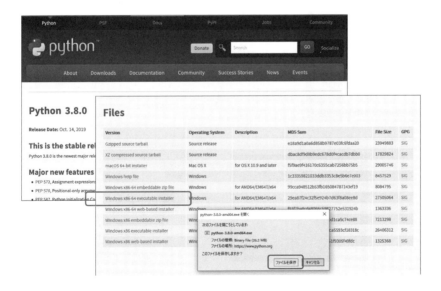

図 **17.3.4** 対象 **OS** 用のインストーラをダウンロード・保存

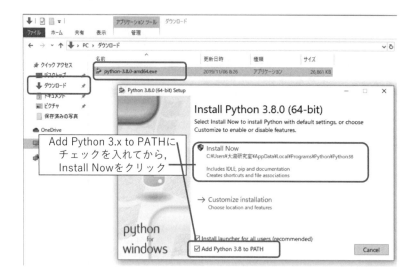

図 **17.3.5**　インストーラを実行する

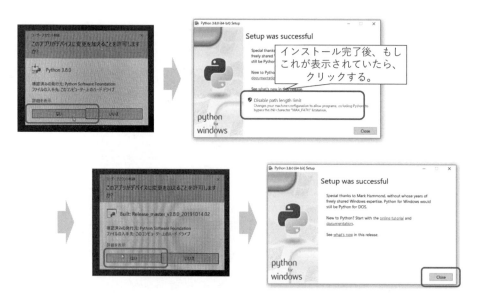

図 **17.3.6**　インストールの途中経過の様子

17.3.2 ライブラリなどの追加インストール

Python では、様々な目的に特化したライブラリが提供されています。これらは最初はインストールされていないので、追加インストールする必要があります。例えば matplotlib を追加インストールするには、Windows のコマンドプロンプトを開き、以下のようにコマンドを入力します。

```
pip install matplotlib
```

17.3.3 IDLE を使って Python プログラムを作成して実行する

Python には IDLE というシンプルな実行環境がついてきます。これを利用してプログラムを実行してみましょう。図 17.3.7 に示すように Windows メニューから「Python 3.8」→「IDLE」を選択すると、図 17.3.8 のような Shell ウィンドウが表示されます。

図 **17.3.7** IDLE の起動

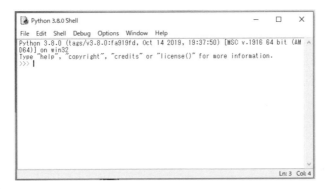

図 **17.3.8** IDLE

　Shell ウィンドウでは、直接 python のプログラムを入力して実行することができます。試し
に「5*(5+4)」と入力してみると、すぐに計算結果が表示されます。計算式をそのままの形で
入力して計算できるので、演算順序を考えながら使わなければならない電卓より使いやすいか
もしれません。

```
>>> 5*(5+4)
45
```

　では次に、プログラムをファイルとして作成してみましょう。Shell ウィンドウのメニュー
から「File」→「New File」を選択すると、新たに Editor ウィンドウが開きます。このウィン
ドウに Python のプログラムを入力します。Listing 17.4 はタートルグラフィックのプログラ
ムです。

Listing 17.4　turtle.py

```
1  from turtle import *
2  print('Hello, World')
3  color('blue')
4  for i in range(1,50):
5      print( i )
6      forward(5*i)
7      left(140)
8  done()
```

　メニューの「File」→「Save」で編集したファイルを保存します。初回は「名前を付けて保
存」する画面が開くので、「turtle.py」のようにファイル名をつけます。

　作成した Python プログラムを実行するには、Editor ウィンドウのメニューから「Run」→
「Run Module」を選択します。実行結果（文字出力）は Shell ウィンドウに出力されます。今
回の turtle.py ではタートルグラフィック用の画面がもう一枚開きます。

　一度保存した Python のプログラムを後日再度編集したいときには、IDLE から turtle.py の
ファイルを開きます。具体的には、Shell ウィンドウまたは Editor ウィンドウのメニューから
「File」→「Open」を選択し、ファイル選択ダイアログから目的のファイルを選択します。

関 連 図 書

[1] 経済協力開発機構（OECD）:"Students On Line: Digital Technologies and Performance", PISA 2009 key findings, Vol. VI, OECD Publishing, p.171, 2011.

[2] 経済協力開発機構（OECD）: "PISA 2018 country-specific overviews — Japan", https://www.oecd.org/pisa/publications/PISA2018_CN_JPN_Japanese.pdf, 2019.

[3] 大学ICT推進協議会 (AXIES) ICT利活用調査部会:「BYODを活用した教育改善に関する調査研究 結果報告書」, https://axies.jp/ja/ict/2017axies_byod_report/view, 2018.

[4] 木村修平, 近藤雪絵:「"パソコンが使えない大学生" の実態に迫る—立命館大学6学部の横断調査に基づいて—」, 2017 PC カンファレンス論文集, pp.279–282, 2017.

[5] Alex Weinert 著: "Your Pa$$word doesn't matter", Microsoft Tech Community, 731984, https://techcommunity.microsoft.com/t5/Azure-Active-Directory-Identity/Your-Pa-word-doesn-t-matter/ba-p/731984 （2019/12/4 閲覧）

[6] 情報処理推進機構 (IPA):「ぼくだけのひみつのかぎさ, パスワード」, https://www.ipa.go.jp/security/keihatsu/pr2012/general/01_password.html （2019/12/4 閲覧）

[7] Small Hadron Collider 著: "How Secure Is My Password?", https://howsecureismypassword.net/ （2019/12/4 閲覧）

[8] Joseph Bonneau 著, Elie Bursztein 著, Ilan Caron 著, Rob Jackson 著, Mike Williamson 著: "Secrets, Lies, and Account Recovery — Lessons from the Use of Personal Knowledge Questions at Google", Proceedings of the 22nd international conference on World Wide Web, ACM, 2015.
https://ai.google/research/pubs/pub43783 （2019/12/4 閲覧）

[9] 総務省:「国民のための情報セキュリティサイト」, http://www.soumu.go.jp/main_sosiki/joho_tsusin/security/index.html （2019/12/4 閲覧）

[10] 佐藤竜一 著:「エンジニアのための Word 再入門講座 美しくメンテナンス性の高い開発ドキュメントの作り方」, 翔泳社, 2008.

[11] ingectar-e 著:「けっきょく, よはく。 余白を活かしたデザインレイアウトの本」, ソシム, 2018.

[12] 吉川昌澄 著：「エンジニアのための Excel 再入門講座」, 翔泳社, 2010.

[13] 奥村晴彦 著："「ネ申 Excel」問題",
http://oku.edu.mie-u.ac.jp/~okumura/SSS2013.pdf,
http://oku.edu.mie-u.ac.jp/~okumura/SSS2013slide.pdf （2019/12/4 閲覧）

[14] 石川智久 著, 植田昌司 著：「エンジニアのための PowerPoint 再入門講座 伝えたいことが確実に届く "硬派な資料" の作り方」, 翔泳社, 2009.

[15] 開米瑞浩 著：「エンジニアのための図解思考 再入門講座 情報の "本質" を理解するための実践テクニック」, 翔泳社, 2010.

[16] 高橋佑磨 著, 片山なつ 著：「伝わるデザインの基本 増補改訂版 よい資料を作るためのレイアウトのルール」, 技術評論社, 2016.

[17] ガー・レイノルズ 著, 熊谷小百合 翻訳：「プレゼンテーション Zen 第 2 版」, 丸善出版, 2014.

[18] Joshua Hardwick 著: "Google Search Operators: The Complete List (42 Advanced Operators)", https://ahrefs.com/blog/google-advanced-search-operators/, （2019/12/4 閲覧）

[19] 情報処理推進機構 (IPA)：「IT 時代の危機管理入門 情報セキュリティ読本 五訂版」, 実教出版, 2018.

[20] 舟山聡 著：「インターネットとプライバシー 「個人情報保護」の考え方」, IT プロフェッショナルスクール, 2002.

[21] 大澤幸生 著, 角康之 著, 松原繁夫 著, 西村俊和 著, 北村泰彦 著：「情報社会とデジタルコミュニティ」, 東京電機大学出版局, 2002.

[22] 中澤佑一 著：「インターネットにおける誹謗中傷法的対策マニュアル（第 3 版）」, 中央経済社, 2019.

[23] 酒井雅男 著, メディア・トゥディ研究会：「デジタル時代の著作権最新 Q & A」, ユーリード出版, 2003.

[24] Creative Commons 日本法人：「クリエイティブ・コモンズ・ライセンスとは」,
http://creativecommons.jp/licenses/ （2019/12/4 閲覧）

[25] 黒田法律事務所, 黒田特許事務所：「図解でわかる デジタルコンテンツと知的財産権」, 日本能率協会マネジメントセンター, 2004.

[26] プロジェクトタイムマシン：「コンピュータユーザのための著作権＆法律ガイド」, 毎日コミュニケーションズ, 2002.

[27] 藤原宏高 著, 平出晋一 著：「プログラマのための著作権法入門」, 技術評論社, 1991.

[28] 佐久間淳 著：「データ解析におけるプライバシー保護」, 講談社, 2016.

[29] 社団法人コンピュータソフトウェア著作権協会：「マルチメディア時代の著作権基礎講座（改訂第 6 版）」, 社団法人コンピュータソフトウェア著作権協会, 1998.

[30] 岡田仁志 著, 高橋郁夫 著, 島田秋雄 著, 須川賢洋 著：「IT セキュリティカフェ — 見習いコンサルタントの事件簿 —」, 丸善, 2006.

[31] 三輪信雄 著：「セキュリティポリシーでネットビジネスに勝つ」, NTT 出版, 2000.

[32] 打川和男 著：「市場の失敗事例で学ぶ 情報セキュリティポリシーの実践的構築手法」, オーム社, 2003.

[33] 矢野直明 著, 林紘一郎 著：「倫理と法 — 情報社会のリテラシー」, 産業図書, 2008.

[34] 久野靖 監修, 佐藤義弘 監修, 辰己丈夫 監修, 中野由章 監修：「キーワードで学ぶ最新情報トピックス 2020」, 日経 BP 社, 2020.

[35] 佐藤俊樹 著：「社会は情報化の夢を見る—［新世紀版］ノイマンの夢・近代の欲望」, 河出文庫, 2010.

[36] 池田純一 著：「ウェブ×ソーシャル×アメリカ」, 講談社, 2011.

[37] 田中道昭 著：「GAFA × BATH 米中メガテックの競争戦略」, 日本経済新聞出版社, 2019.

[38] G. ポリア 著, 柿内賢信 訳：「いかにして問題を解くか」, 丸善; 第 11 版, 1975.

[39] 谷口滋次 著, 飯田孝道 著, 田中敏宏 著, John D. Cox 原著：「英語で書く科学・技術論文」, 東京化学同人, 1995.

[40] 統合イノベーション戦略推進会議：「AI 戦略 2019〜人・産業・地域・政府全てに AI〜（令和元年 6 月 11 日統合イノベーション戦略推進会議決定）」, 2019.
https://www.kantei.go.jp/jp/singi/tougou-innovation/

[41] 竹村彰通 編, 姫野哲人 編, 高田聖治 編：「データサイエンス入門」, 学術図書出版, 2019.

[42] ダレル・ハフ 著, 高木秀玄 翻訳：「統計でウソをつく法 — 数式を使わない統計学入門」, 講談社, 1968.

[43] Andrew V. Abela 著："The Extreme Presentation(tm) Method — Extremely effective communication of complex information", https://extremepresentation.typepad.com/blog/2006/09/choosing_a_good.html （2019/12/4 閲覧）

[44] 佐藤洋行 著, 原田博植 著, 里洋平 著：「改訂 2 版 データサイエンティスト養成読本」, 技術評論社, 2016.

[45] Q. Ethan McCallum 著, 磯 蘭水 翻訳：「バッドデータハンドブック —データにまつわる問題への 19 の処方箋」, オライリージャパン, 2013.

[46] 藤 俊久仁 著, 渡部 良一 著：「データビジュアライゼーションの教科書」, 秀和システム, 2019.

[47] Wes McKinney 著, 瀬戸山 雅人 翻訳：「Python によるデータ分析入門 第 2 版 — NumPy, pandas を使ったデータ処理」, オライリージャパン, 2018.

索　引

あとがき

　情報に関する技術の進歩は目覚ましく、5年も経てばそれまで存在しなかったようなハードウェア、ソフトウェア、ネットワークサービスが登場していると思ってまず間違いありません。つまり皆さんが卒業するとき、大学入学時には存在しなかった技術やサービスが出現しているということです。

　情報を取り巻く法律や倫理観も時代とともに移り変わります。以前はマナー、モラル、道徳といった枠組で片付けられていた問題でも、現在は法律がきちんと整備されたものもあります。将来はグローバルな視点とローカルな視点を併せ持つ、2重構造的な考え方が広まるかもしれません。自分の身の周りだけで通用するローカルルールで考えるのではなく、大局的な視点で考えることも必要でしょう。

　10〜20年後、現在の職業の多くの部分がロボットなどの機械に代わられる可能性があるという指摘もあります。ありとあらゆる情報がインターネット上に蓄積され、AIによって分析され、多種多様な場面で活用されるようになるでしょう。そのような状況では、データを持つ者、新たな活用方法を生み出せる者が主導権を握ることになります。その時どのような社会になっているのか、私たちの「現在の常識」ではなかなか想像できません。これからの社会の変化に対応する力を付けるためには、私達は色々なことを学び基礎を作っておくことが重要です。本書には、データ駆動時代を生き抜くために、自らデータを処理し活用し新たな価値を発信してゆける人材として求められることが散りばめられています。このテキストが皆さんのデータリテラシーの向上につながれば幸いです。

著者一覧

大瀧 保広　　茨城大学 IT 基盤センター
山本 一幸　　茨城大学 IT 基盤センター
羽渕 裕真　　茨城大学学長特別補佐（IT・情報セキュリテイ）

データ駆動時代の情報リテラシー

2020 年 3 月 30 日　　第 1 版　第 1 刷　発行
2023 年 3 月 30 日　　第 1 版　第 2 刷　発行

著　者　　大瀧保広　　山本一幸
　　　　　羽渕裕真
発行者　　発 田 和 子
発行所　　株式会社 学術図書出版社

〒113−0033　　東京都文京区本郷 5 丁目 4−6
TEL 03−3811−0889　　振替 00110−4−28454
印刷 三和印刷（株）